———

亚洲智识与全球文化能力

中文版

Alicia Su Lozeron

苏明采

内容介绍

　　<u>亚洲智识与全球文化能力</u>收藏作者有关亚洲和世界的文章和故事。 在强调亚洲对世界之贡献的同时， Alicia Su Lozeron/苏明采老师展现一个非常宝贵的界面，让世人了解亚洲在地球村的特殊地位。 她表示，世界权力正经历一种不可抗拒的变化，研究东西文化差异可以相辅相成，成为具备全球文化能力不可或缺的重要训练领域。她的目标在于提高亚洲智识并连接东西文化。多年研究和分析事实以及介绍跨文化性的经验，使得苏老师的作品独具一格、发人省思。 她的文章令人信服，而她的故事、委婉动人。

　　通过她所创建的翻译沟通管理公司、Asia-America Connection Society 亚美合作协会，苏老师不但促进世人对亚洲的了解、提高亚洲智识，并且促请东西人士客观看世界、加强全球文化能力。 致力提供高质量的亚洲和全球的经济、政治、文化等相关的分析，她

的写作事业是具有相当意义的。对自己而言，她的工作是一种个人的实现，而对世界来说，她的工作极为吻合地球村的需求。苏老师的文化事业便是她的使命和愿望。在辛勤沟通和创作时，她获得了很大的满足感。精通东西文化的苏老师希望能教育世界，在介绍各国人民和各种文化之间的各种美妙共通处及差异点时，她鼓励世人拥抱全球村，活出自己身为世界公民的亮丽生命，享受宏伟地球给予世人的美好景致。

Alicia Su Lozeron/苏明采老师倡导文化之间相互的理解和合作。她的议题对于您的公司或个人的成就来说是至关重要的。在商业、文化、教育或娱乐的各个层面上，她的作品皆能提供您无价的洞悉力。以下是读者或客户自苏老师作品中所得的益处：

• 帮助我克服种种困难或恐惧，并以正面的沟通方式来建立人际关系；

• 帮助我理解不同背景的人，并扩展有关世界的知识；

• 帮助我了解不同种族或混合式的家庭关系；

- 帮助我在面对生命重要议题时，品尝复杂的情感和情绪;
- 帮助我获得阅读的乐趣;
- 帮助我认识做人处事的观点 -- 希望、勇气和对他人的尊重;
- 帮助我提高全球文化能力;
- 帮助我培养一种良好的全面性全球展望观;
- 鼓励我提倡开放/公正的社会;
- 敦促我发展多元化的观点来观察大世局;
- 帮助我加强表达真爱的能力;
- 帮助我减少冲突，学习以信任的态度来解决世人分歧...。

"Think Global Live Noble 思考在全球，生活要崇高！" -- 让我们一起构建美好的世界!

Alicia Su Lozeron 苏明采作品一览--

The Un-death of Me: Life of an Asian American Woman 不亡之我
(2016, 英文版，跨越文学分类的自传兼小说)
Asia-literacy and Global Competence: Collections and Recollections 亚洲智识与全球文化能力
(2017, 英文及中文两版)

即将出版--

A Man with Immense Love 一个博爱的男人
（英文版）
The Un-death of Me: Life of an Asian American Woman 不亡之我
(中文版，日文版，西班牙文版 -- 由专业翻译工作队合作推出)

我将这本书献给我在探索世界和获取知识
路途中所遇到的专业人士、朋友、同事、
世界公民和旅客。
我也感谢 Robert Alan Lozeron、
我至爱的丈夫及生命伴侣。
在编辑我的作品时,他总是客观地
为我提供宝贵的意见。
促使我思考内在自我和外在世界的人们
出现在本书收藏之文章或故事中的许多层面。
有了他们的支柱,
我所了解的世界才得以构建。
有了他们的存在,
真实或虚构的世界才得以
展现其美丽的复杂性。
有了他们,
才有此书。

纽约,拉斯维加斯,洛杉矶,温哥华,多伦多,伦敦,
悉尼，奥克兰，北京，台北

Asia-America Connection Society

亚美合作协会

Asia-literacy and Global Competence
亚洲智识与全球文化能力

Alicia Su Lozeron
苏明采

性格上的弱点会造成无知、种族主义、种族歧视、仇外心理、以及残酷的习性。自信的人知己知彼，所以能够接纳新的想法和不同的人种。

缺乏全球文化的人有个黑影人格；它会在不知不觉中附身，出乎人之意料。当你轻易假定和判断，你的观点已变得浑浊，对他人的看法将会有所偏失。

-- Alicia Su Lozeron 苏明采

内容目录

1. 旧皮与童话故事

Avery Mingli Liang 是我先前出版之称为<u>不亡之我</u>一书中的主角。这个人物其实体现了我的心态：旧时的我想脱离封闭的、压力重重的台湾岛社会,不作谦让的传统女性，不作俯首听命的女儿，也不作乖巧温驯的学生或妹妹。离开台湾到纽约念书时，我一路自由狂野地游览世界、认真经历纽约市的人文生活，至今搬至拉斯维加斯居住多年、可说是看尽了残酷的现实社会景象。告别祖国二十五年后,我学会了调整心态,与内在的自我、祖国传统、以及他人和整个世界维持健康的互动关系。其间的历程曲折复杂,只有在经过许多生命的教训之后才认知健全人际的重要。在重新思考自己的根源和经历如何影响我、推动我之后，方了解自己一生中最重大的使命 -- 倡导亚洲智识与全球文化能力。

如同 Avery，我流浪天涯、连根带拔的生命终归要回复到一个起始的老旧定点，有了定点、看尽了世界，我应当能通过更健康的镜头来看待世人：

完全脱离了旧皮、附上看似健康的假膜 -- 这样流落的生活岂能真挚？Avery 回了老家，刚巧经历了儿时记忆中的强烈台风，点点滴滴的风雨

又陌生又熟悉的强烈台风

提醒了她又陌生又熟悉的儿时成长环境，好似幼时的旧皮又套回自己身上。她回来了、她经验了、她带走了些许、也留下了足迹。 她所经验的生存的痛苦、折磨和遗憾、好似只在证明：她可以毫发无损地一次又一次地爬起，深深感觉丈夫在旁的安全感 -- 不管周遭世界如何在她的眼前变化或毁灭 -- 她可以永远有家、有港湾。

如果她曾遭受到任何不平的看待、或者因文化束缚而妨碍了成长, 她的四肢都将始终刻印着这些过失的痕迹。远离台湾而立脚于西方和世界，她奋力抵抗的是丧失了的自我、幼时的童话和年轻的灵魂。 她睁眼看着的是虚假失真的门面, 或有时, 她阻塞的视线什么也没看见。 无论如何, 她无法一五一十地诉说自己原始生命的故事, 只能捕捉某些伤人的或成功的际遇来描述自己的心路历程 -- 像似一本故事书。由此, 她娓娓道来, 最终可以回复到早先的时期、一瞥她真实的自我和熟悉的真面目。由此，她可以再一次地看清自己的周遭、以及世界的美妙和潜能。

Avery 与她的夫婿 Abbey 造访了被台风摧毁的村庄；他们协助罹难的村民搬迁到安全的地方并捐赠生活必需品。感怀着家的感觉 -- 也许有一天, Avery 可以变老，老得足够拾回童真，老得可以再度阅读童话故事。

-- 摘自 *The Un-death of Me* 不亡之我

台北 101 大楼

2. 国际游民的钟摆

　　我年轻时期的旅行模式类似国际漫游，无忧无虑、遨游四海。走过众多的国家，拜访世界各大洲，以爱地球求知识的名义旅行，我绝对错不了。错误的是我的判断，而这样的生活抉择终究会改变。

　　年轻的我认为"尽情游览"、"从错误中学习"必然是正确的生活方式。而在纽约市找到一份朝九晚五的正式工作时，所有的情况乍然不同。正职工作可以帮助我稳定在美国定居的局势，因此我必须停止所有的漫游，成为一跨国企业的重要执行人员，转变为现实世界中的"成人，"为公司解决不少问题。

我所意想不到的是自己内心不断的挣扎:企业世界抑或遨游全球、驯服的女性角色抑或顽强拼搏的行政职员、艺术文书创建抑或逻辑业务数据、东方背景抑或西方文化的认定。

我所预测不到的是,自己内心中仿佛有着类似钟摆的机制，在左右摇摆的同时，我总会有个中心原点。无论何时何地,我总可以延着中心定点、自由摆动。不管我选择如何生活,一种平衡回复的力量始终存在。有时,我的步伐加快,有时则错开或受阻。但我总会返回中心位置、找到真诚的生命决策。一向以来，我的原则是努力地生活。借用我夫婿的说法："Alicia 总付出 110% ...。 Alicia 可以完成任务,并且要求自己好上加好!"

东方背景与西方文化的结合
阴阳调和
柔刚双并

3. 中文老师？英文老师？

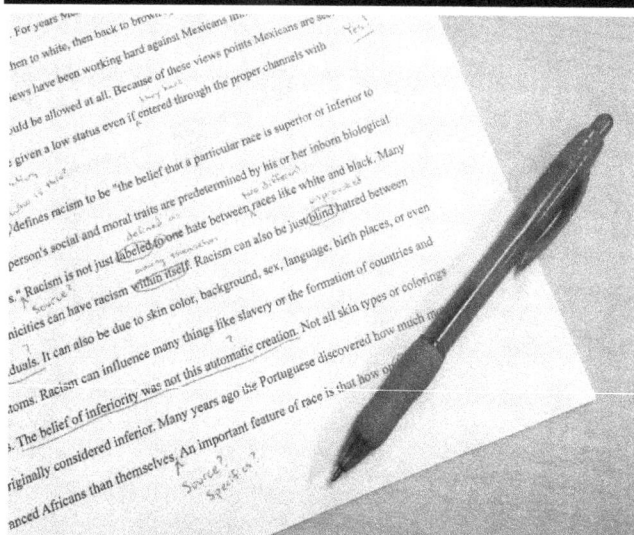

在同时申请中文和英文的教学职位之时，我所得到的第一个面谈机会是中文的教职。当时，我还没有公立中文教师的执照。依教育条例，我的专业领域属于英文语言艺术 -- 按规定、为取得中文教学执照，我必须修选开给外国人学中文的课！

我向教育署署长解释：大半生在中文环境中学习和成长的我理当不须和外国人一起学中文。在取得美国哥伦比亚大学学位之前，我在台湾已有相关的硕士学位，而哥大之后，我进一步取得教育资格。我在中文能力测试的分数也居于最高分位点。最后我终于获取了公立学校中文普通话的教学执照，但仍继续从事英文语言艺术的教学。

事实上，我是高度合格的英文和中文老师。在成为公立学校的教师以前，我曾教授英文和中文两种不同的文化和语言，而且学生年龄从小学到大学成人不等。无论工作上接触的是英文或中文，我势必感觉自己只用到部分的专业，深植在我心的是一种无国界的对智识文化的渴求 -- 我有着一种永不满足的求知欲，需要超越当下、远望未来。

当然我外表看起来永远是东方人。对于那些无法超越皮肤颜色来看待他人的人而言、我是个古怪的英文老师、永远落在身为"外国人"

的裱框中。相对而言，我也不是寻常的中文老师，西方化的我永远夹在多层文化界面。

　　无论如何掷骰子，结果是不变的：我是一名中文老师，也是一名英语教师。

4. 正事正办

身为一个奇怪的英文和中文老师，我应能自框架之外观察社会的内部议题。如果此生此世，我可担起一使命，就让我为世界漆画上写实的颜色吧！

世人的偏见该如何看待矫正？ -- 我所收集的世界各方资料应当可以提供客观的、圆融的智慧。

希望您在阅读本书后能进一步了解到亚洲智识并获取更高的全球文化能力。

这本书是我搜索旅程的开始，请您共享。

5. 运用亚洲优势来联结主流市场是至关重要的

亚洲人潮正在改变拉斯维加斯

在过去的15年里，内华达州的亚裔人口激增了一倍多。这一冲击将引发人口统计比例和经济的重大变化。亚洲人群的影响力是广泛的，在拉斯维加斯的亚洲人大都受过良好的教育，并具备超强的消费能力。值得注意的是，来自亚洲国家的投资人也持续不断地为维加斯带来大量的资金。

商业和企业家纷纷寻求渗透亚洲市场

　　跟据全美房地产经纪人协会（National Association of Realtors）统计，过去 2014-2015 一年内，中国买家在美国支出 286 亿美元、年增 30％，是第 2 大外国买家加拿大的 2.5 倍。 再者，中国人赴美购房的平均支出金额为 83.2 万美元，遥遥领先他国：印度为 46 万，加拿大为 38 万；而美国全国平均房产交易价则为 25.6 万美元。拉斯维加斯在此房地产市场的占有率自然极为显著。

　　对一个立足在拉斯维加斯或美国各城的企业或个人而言，进军亚洲市场已成为至关重要的途径。另一方面，亚洲组织则需加强精确的沟通，以便运用优势来联结主流市场。

(原载: http://www.aacs.website/wp-content/uploads/2015/08/AACSNLcn7.15.pdf)

6. 中国中产阶级旅客的经济动力

中国旅客最近增长的数量为经济和商业扩展提供无限的契机。 巨大的商会生产和引人的旅游胜地将诱使旅客首先来到拉斯维加斯，然后游览加利福尼亚和西南地区。

拉斯维加斯商会与访客管理局(LV Convention and Visitor Authority) 的企业合作主任布朗格络森 （Brig Lawson)认为拉斯维加斯不须特别招揽任何一家航空公司： "这些航空业者都很聪明，他们了解商务网络和竞争…. 我们不须解释直飞维加斯的好处。 "西雅图2014年5月亚洲游客的增加极为明显，" Lawson表示 。 在2013年第四季度，达美航空(Delta) 每天从亚洲飞经西雅图到拉斯维加斯的旅客平均为35位。 现在平均为158位。 亚洲市场特别兴盛，主要由于有财力到海外旅游的中产阶级旅客之激增。 航空公司将必须寻求扩展来迎合中国游客的需求。

　　在最近几十年，航空公司从亚洲直飞拉斯维加斯 McCarran 国际机场的业务并不看好：日航从东京转机，新加坡航空公司从香港转机，菲律宾航空公司从马尼拉，则需通过温哥华转机。 大韩航空 2008 年开始由汉城直飞拉斯维加斯，但在经济萧条之际削减航班， 2011 年才又恢复直达班机。前些年亚洲游客不多，而今亚裔旅客自然将迫使航空公司决策者重新考虑他们的亚航策略。

航空公司决策者重新考虑路线策略

16

2014年7月起，达美航空分别在西雅图扩展了35%的作业，在波特兰扩展了 27%，在洛杉矶扩展了20%，在旧金山扩展了7%。这将有益于拉斯维加斯，每周从洛杉矶往返维加斯的班机为54次，从西雅图往返维加斯的班机则有34次。同时，达美航空将购置新进飞机来替换老化的波音747和767机身宽大的喷射机。该公司将于2017年第二季度之前交付50架高效的空中巴士型A350喷气机。此新型飞航器不单高效，而且将更能持久飞行。

达美航空公司(Delta)在McCarran国际机场在的营业排行第二，而其西海岸的亚航策略已大为扩展，以求善用中国游客激增的经济动力，从中获利。达美航空每星期从西海岸九个定地有311次拉斯维加斯飞行班机。为 支持亚洲交通流程，该公司在西雅图、旧金山和俄勒冈州波特兰已积极加强作业来容纳来自亚洲的游客。达美航空公司的扩展势必成功，并且将为拉斯维加斯和西南地区带来兴旺的亚洲旅游业。业者该善用中国中产阶级旅客的经济动力。日益增长的亚洲市场可为您带来新契机，请即刻采取行动。

(原载: http://www.aacs.website/wp-content/uploads/2015/07/AACSNLcn8.12.pdf)

7. 中国消费者正在改造拉斯维加斯

　　根据美国商务局国际贸易管理部门的统计，2014年造访美国的中国人数高达2千2百万名，比2007年增长451%。 内华达州已注入投资来顾及中国市场。零售中心、娱乐场所、餐馆和娱乐场所皆纷纷定制战略、以满足中国消费者的需求。

　　拉斯维加斯商会与访客管理局高级国际营销主管拉斐尔比利亚努埃瓦(Rafael Villanueva)指出，2014年造访拉斯维加斯的中国游客达30万人次，其花费远超其他国际旅客。根据2013年之数据，中国游客花费每人每程为$3200，而其旅游时间也较为长久。在一项国际贸易管理局所作的调查中，89%的中国游客表示购物为一旅游必须、51%注重精美的饮食、13%计划到赌场游玩。

　　「拉斯维加斯是以服务业为主的一个城市，我们必须了解我们的客人是谁」比利亚努埃瓦说：「赌场的作业一直很好（顾及中国消费者的需求），但我们还在加强其他酒店业务。零售方面则以时尚商场(Fashion Show) 及大运河商场（ Grand Canal Shoppes)居首，寻求激进的方法来满足中国消费者的需求」。

2015年四月，美中国贸(Active America China) 商展集结了200多个旅游业者和80个中国旅行代理商。共同主办的单位为拉斯维加斯商会与访客管理局和大运河商场，开幕式则在时尚商场举行。

风行中国的高档川菜馆眉洲东坡于2016年春季在商大运河商场开创首家分店，占地30000平方英尺。喜好家乡味的中国游客也可以选择其他高端餐厅，包括阿丽亚 ARIA 的 Blossom、百乐宫 Bellagio 的 Jasmin、幻象Mirage的Fin、米高梅的 Hakkasan、及永利 Wynn 的 Wing Lei，而拉斯维加斯的中国城则位于临近的春山路以西的地带。

Genting 集团开发的拉斯维加斯世界度假村，预计将具备 3500 间客房、及 100000 平方英尺的游乐空间。2015 年 5 月破土之后，此造假 4 亿美元的赌场可能于 2018 年开放，提供以中国为主题的「多种住宿、餐饮和零售产品。全国各地及包括中国在内的世界游客将分享这美好的度假村」，Genting 公共事务部高级副总裁 Michael Levoff 说道。

零售中心、娱乐场所、餐馆和娱乐场所皆纷纷定制战略、以满足中国消费者的需求

Genting 的世界度假村未开业便倍受瞩目。此外，另一名为幸运龙 Lucky Dragon 的 10 层酒店，将在撒哈拉大道以西的地带提供 200 间客房。

相邻的 Allure 公寓地主 Andrew Fonfa 目前正在开发此度假村，旨在营造一个真实的远东文化和游乐体验。

(原载: http://www.aacs.website/wp-content/uploads/2015/07/AACSNLcn9.6.pdf)

8. 亚洲人将超越拉丁美洲后裔
成为美国最大的移民群组

　　根据最新的研究统计数据，随着拉丁美洲移民人潮减慢而跨太平洋迁移来美的风潮迅速增进，亚洲人可能在 21 世纪中叶超越拉丁美洲后裔成为美国最大的移民群组。

　　数具预测显示在未来的50年，移民的子孙将占据全美人口增长的 88 ％。1965 年外国出生者占全美人口 5 ％，而今在国会通过 1965 年的移民和归化法后，已高达 14 ％，预计 2065 年将占 18 ％ 。

　　其中人口增长的重要群组为亚洲人，而其多样的语言和种族群体则包含日本、中国、韩国、菲律宾、印度、以及巴基斯坦各文化。1965 年亚裔美人约占国家人口的 1%，而今已增长为 6 ％ ，到本世纪中叶则将增计为 14 ％ 。

　　2055 年期间亚洲人预期将构成移民人口的 36%，超越了拉丁美洲后裔的 34%。 由于许多拉丁美洲后裔是第三或第四代移民 ， 他们仍将在总人口中占据相当于1/4的比例。

1965 年的移民和归化法取消了基于民族血统来配额的制度、不再限制西欧之外的移民额度，导致来自亚洲、非洲和拉丁美洲移民急剧的增加。现今看来，62% 的美国人是非拉丁裔白人，而 1965 年期间则为 85%。

调查发现 ， 人们对待移民的态度取决于他们的政治信仰（民主党比共和党较为亲善），也随着个人与移民组群交游程度而有所影响。民主党人中，55% 认为移民促进美国社会运行，而 24% 则不以为然。共和党的意见几乎是相反的、 53% 认为移民使美国社会恶化， 31% 具正面反应。年轻的美国人一般说来看得到移民作为正面社会动力的因素， 反映了民族多样性的新一代思想。

据调查，54% 的 30 岁以下之美国人认为移民促进国家发展 ， 而 27% 认为不然；65 岁以上的老年人则平分成两半 ， 39% 对 39% 正反对等。

**一般认为亚裔美国人为国家
带来积极性的影响。**

　　一般人对移民有所保留之处在于罪犯和经济。大约半数的美国人认为移民恶化国家的罪犯和经济。

　　反之，约有一半的美国人却认为移民带来积极的影响：丰富美国文化、食物选择、音乐和艺术欣赏种类等。

(原载: http://www.aacs.website/wp-content/uploads/2015/07/AACSNLcn10.7.pdf)

9.国家多元化的优势

移民问题点燃的情绪极为复杂，最近的总统选赛以及世界整个历史皆历历可见。许多政治家如唐纳德·创菩（Donald Trump）在观念偏差之际，反而能操纵选民情绪而获得支持。

事实上，如同 Ted Widmer 在《纽约时报》（2015 年10 月）所作的申明，历史明确提供了移民的相对成本和效益。五十年前林登 · 约翰逊(Lyndon B Johnson）在纽约自由女神像之旁签署了《移民和归化法》，使美国更加强大。1965年随后移民美国的人次为 59,000,000，其中四分之三的人来自拉丁美洲和亚洲。

新移民的人潮促进美国繁荣的程度是1965年代难以想象预期的。1990年和2005年其间电子科技的发展日新月异，而此数据时代美国公司的创立人有２５％是在外国出生的。

根据2010年的人口普查统计，一半以上的矽谷（Silicon Valley）技术人员为亚裔美人。Google 是由苏联移民 Sergey Brin 成立的

。美国联合航空公司的新总裁是美籍墨西哥人
。诸多的印度裔美国人 也已成为其他主要美国
公司的首席行政人员 ，包括 Ado-be Systems
、百事可乐、摩托罗拉和微软。

1965 年以来移民促成国家改进的例子比比
皆是。杰出艾滋病研究员 David Ho，是 12 岁
时从台湾来的。印裔航员 Kalpana Chawla 丧
生在哥伦比亚号灾难事件中，对航天事业的贡
献是不可漠视的。此外，美国文化在音乐、艺
术、美食、和其他层面皆显得丰富而多元化。
仔细审议 1965 年的移民法，我们将不难察觉，
美国愿意开放边界障碍的同时已成为一个更美
好的国家。

林登·约翰逊在 1965 年 10 月 3 日签署《移民和归化法》

　　《移民和归化法》开驮美国真正的新边疆，使之年轻而多样化、符合国家真实的理想。另一方面就保守的立场来看，美国国家安全也无疑因而增强。1965 年以后，大量的移民和他们的子女加入美国武装部队，不同族裔构成的美军理当更为强壮。

(原载: http://www.aacs.website/wp-content/uploads/2015/07/AACSNLcn11.112.pdf)

10. 亚裔美国人为何如此成功

在美国的学校里，亚裔表现优异的比例高，在整个美国社会中也是如此。人口普查数据显示，亚裔的收入高于包括白人在内的其他群体。而且亚裔的教育程度也比其他任何群体都高。亚裔的成功是否显示歧视的年代已经成为过去？亚裔美国人成功的因素何在？

在新出版的学术著作《亚裔美国人成就的悖论》(The Asian American Achievement Paradox)中，作者珍妮弗·李(Jennifer Lee)和周敏表示，美国亚裔移民近几十年来在起点上就有一项优势：教育水平高，甚至比美国人的平均学历还高。这些移民成为医生、科研人员，或从事其他高学历专业岗位的比例格外地高。

这种差异似乎并不是智力差异造成的。心理学家理查德·尼斯比特(Richard Nisbett)在一本有关智力的著作中提及一项研究。该研究追踪一群华裔孩子和白人小孩成长的情况。

两组在智商测试中的得分是一样的，但到最后，55%的亚裔进展至地位较高的职业，相比之下白人高职的比例仅为三分之一。成为一名成功的管理人员，白人的智商需要达到 100，而华裔只需达到 93。

亚裔美国人比其他任何群体
具较高的教育水平。

　　亚裔美国人成功的一个因素在于东亚儒学长期以来对教育的强调。对教育的重视也有助于解释犹太人的成功。据称，犹太男性普遍识字的时间比其他群体早了 1700 年。

在庆幸亚裔成功的同时，种族偏见和歧视的情况依然处处可见。只有牢记后天努力的重要性，亚裔美国人方可确保出人头地的机会。

(原载: http://www.aacs.website/wp-content/uploads/2015/07/AACSNLcn12.6.pdf)

11. 不断扩展的拉斯维加斯会展中心

拉斯维加斯投资 30 亿美元来扩建会展空间的项目已有相当的成果。其中 Aria 为建设计划中最新的项目。

Aria 15.4 亿美元的扩展已增加20万平方英尺的会展空间，而曼德勒海湾会议中心在完成一项7000万美元的扩展项目后增加了35万平方英尺的空间，拉斯维加斯会展中心也计划推出23亿元的扩大和更新项目。

会展商务在经济回复之后显示强劲的回升。拉斯维加斯商会与访客管理局报导,拉斯维加斯欢在 2014 年迎接约 5,200,000 的会议参与人次,产生的经济影响为 74 亿元。2015 年有超过 22,100 的会议在拉斯维加斯举行。比 2013 年的 22,000 会议数量和 5,100,000 的会议参与人次增加了半点。2012 年和 2011 年则有将近 5 百万的会议参与人次。

最近的数字与2006年和2007年高峰期相较之下仍显衰退，当年拉斯维加斯平均会议数量为23,000，会议参与人次为 630 万。

拉斯维加斯会展中心主要着重于 250 次最大型的会展，如国际消费电子产品展 CES 和国家广播机构协会展 NAB，除了与其他城市竞争之外，扩充需要似乎在于主要供应商本身的要求。

拉斯维加斯商会与访客管理局的报导指出，CES、NAB 和其他五个主要商会表明会展中心的扩展是必要的。

拉斯维加斯商会与访客管理局计划利用 Riviera 旧有占地来建设一项 23 亿美元的全球商务区项目，其中包括 180 万平方英尺的展览和会议空间。

与西雅图、芝加哥、佛罗里达州的奥兰多和德克萨斯州的奥斯汀等城市竞争有助于推动会展中心的增长。

西雅图在其华盛顿州会议中心将进行一项 14 亿美元的扩张项目，添加 44 万平方英尺的可用空间。

芝加哥的麦考密克中心，奥兰多橙县会议中心和奥斯汀会议中心也有扩建计划，合共超过 30 亿元。

相较之下，拉斯维加斯的便利机场和酒店结合了其领先世界的娱乐和夜生活使之具备绝佳优势 -- 这个城市的热情在于接待访客，有求有应，絕不遜色。

(原载: http://www.aacs.website/wp-content/uploads/2015/07/AACSNLcn1.5.16.pdf)

12. 賭城標誌背後的純摯精神

　　拉斯維加斯明亮閃爍的霓虹燈是在外太空都能見得到的，但霓虹標誌隨著人事酒店的變遷往往會被更換淘汰。1996 年開設的霓虹博物館（Las Vegas Neon Museum）收藏許多老舊的招牌，在在顯示了城市品味的浮華多變。然而遠近馳名的賭城標誌 --「歡迎來到美好的拉斯維加斯」（"WELCOM TO FABULOUS LAS VEGAS"）-- 卻能夠禁得起時間的考驗，自 1959 年便佇立在拉斯維加斯大道南端，堪稱為賭城聖像。

　　賭城標誌設計人的純摯精神可以解釋聖像不朽的緣由。商業藝術前輩貝蒂·薇麗斯（Betty Willis，婚前本姓懷特漢 Whitehead）於 4 月 19 日去世，享年 91 歲。貝蒂生前堅持不申請賭城標誌的個人著作權，自願將所設計的市招當作送給拉斯維加斯的禮物，讓他人得以自由使用。因此賭城標誌被覆製成許多紀念品，出現在遊覽像冊、食品用物和服飾配件之上，是眾人「到此一遊」非拍不可的聖像。賭城老區（Downtown Las Vegas）和波德公路（Boulder Highway）更進一步模仿這幅市招，在區內各設立了類似的標誌（見圖 "WELCOME TO FABULOUS DOWNTOWN LAS VEGAS," "DRIVE CAREFULLY Come Back Soon"）。

　　貝蒂的父母於 1905 年抵達拉斯維加斯，是開發賭城的先鋒。父親史帝夫·懷特漢（Stephen Whitehead）是克縣的首位估稅員兼商務局總裁。在 8 個兄弟姐妹間排行老么的貝蒂出生於 1924 年，從小便愛好藝術。貝蒂 19 歲時前往洛杉磯學美術插畫，在福斯劇院開始她的繪畫工作，返回賭城在法院工作，同時也兼職設計秀場和霓虹標誌，1959 年拉斯維加斯旅遊會展中心徵求賭城市招設計，貝蒂的作品獲選。

貝蒂在接受新聞界採訪時表示，1950 年代的廣告標誌業全是男性的世界，她必須研究許多技術上的議題，包括霓虹燈和電線索路如何配合壓力點和瓦特數等等。貝蒂和銷售員泰德·路格基（Ted Rogich）觀察許多城市的標誌，決定鑽石型和銀元最能表達賭城的特色。賭城標誌果然一炮而紅，在 2005 年紐約時報（New York Times）專題報導之際成為舉世皆知的名勝。

貝蒂的才華也展現在其他作品，例如著名的「藍天使」汽車旅館雕像（Blue Angel）以及紅磨坊賭場（Moulin Rouge）。她設計的賭城標誌，於 2009 年正式納入美國國家歷史文物遺址。

(原載于中文报章 http://www.lvcyp.com/news.php?id=14449)

13. 拉斯维加斯房屋市场的发展

　　拉斯维加斯的房屋市场在 2011 年跌落谷底。至今新屋和现有住宅的库存已大幅缩水。近年缓慢的发展却也积累了优势的发展前途。

　　不景气的季节过后，拉斯维加斯的房屋市场已呈现成长趋势。拉斯维加斯房地产经纪人协会报告指出，2016 年度单一家庭住宅的平均价格为 $220,350 美元，上涨了7.5% 左右。公寓和小型住宅的上涨额度更为显着，平均价位为 $121,500 美元，上涨了15.7% 左右。

　　房地产经纪人通过该协会的多重上市服务出售了2,676 房。比 2015 年 2 月的销售 (2,452房)销售增加 9.1%。

　　协会主席 Scott Beaudry 表示："我们通过传统不景气的时段，当地的住房市场表现很不错"。Beaudry 并说明住房供应仍然不足。以 2 月的销售速度看来，市场有 4 个月的库存，而一般而言，均衡的住房环境应有为期 6 个月的库存。

2016 年有的单一家庭为 7,328房。低价的的销售继续减少。2017 年第一季度新屋销售率也上涨了33% 。所有指标显示拉斯维加斯房屋市场极为看好，具有优势的发展前途。

(原载: http://www.aacs.website/wp-content/uploads/2015/07/AACSNLcn3.10.16.pdf)

14. T-Mobile 圆形场和公园

2016 年 4 月 6 日周三,米高梅国际度假村和娱乐集团所建造的 T-Mobile 圆形场以 Killers 乐团的一场音乐会隆重开幕。 随着临近公园在 4 月 4 日的开放,该公司援引了人们参加体育活动和音乐会文化的改变。

圆形的 T-Mobile 场台带有泰坦尼克号的印象, 而夹在纽约大酒店和蒙特卡洛酒店之间的公园则占地 550 英亩, 为维加斯大道和 T-Mobile 20000 个座位的场地提供了过渡地带。米高梅度假村花费1亿元建造公园,包括整修纽约大酒店和蒙特卡罗广场。

公园有米高梅度假村拥有和经营的零售亭。多种烹饪美味如 Bruxie 加厚三明治、米高梅度假村拥有的啤酒地点 Beerhaus、加州 Pizza 以及日本餐厅兼卡拉OK俱乐部 Sake Rok。

"连接蒙特卡罗、纽约大酒店和新的 T-Mobile 圆形场和公园最终为我们提供了理想的街区环境,"Thrasher 说。 "公园、东芝广场和 T-Mobile 圆形场台将联贯形成单一的街区，提供旅客天一无缝的绝美环境。"

米高梅首席执行官 Jim Murren 指出："这个公园不同于任何其他的公园，因为它是拉斯维加斯庆祝伟大沙漠的凭借"。

T-Mobile 圆形场一年承办 100 多个活动；此公园也将各别举办不同的娱乐事件。

"我们正在探索多重可能，从艺术表演和经典的汽车展、 品酒和美食节目。 参观者将享受多种不同的日常娱乐，包括音乐家、艺术家和专业表演"Thrasher说。 "我们甚至可能会有特别的活动如公园中的篮球大赛，但我们仍在努力从事细节处理及相关事宜。"

T-Mobile 圆形场和公园着重客户体验，将超越一般市场趋势、为大众提供安全、舒适的休闲空间。

T-Mobile非赌博性的空间

如同恺撒娱乐集团的 Linq 大道， T-Mobile
圆形场旁的公园是大型的户外空间。 "所有的
大城市都有优秀的公众聚会空间。 我们创建的
公共空间是一种机会， 可以从事不同的活动 --
人们可以聚集在一起,享受娱乐、优美环境、多
样化的餐饮、雄壮的沙漠景观、公共艺术、会
见新朋友或观看人潮， " 公园董事 Don
Thrasher 表示。

(原载: http://www.aacs.website/wp-
content/uploads/2015/07/AACSNLcn4.10.16.pdf)

15. 赌城关联

克拉克县计划于麦卡伦国际机场邻近的高佛巷 (Koval Lane)、康纳大道 (Tropicana Avenue)、斯温森街 (Swenson Street) 和天堂路 (Paradise Road) 建设高架高速公路。该县在 2016 年 1 月推出此项造价 2 亿元的议案，旨在现有街道顶端构建单向两道高架公路。

高佛巷和康纳大道南向的高架公路以火鸟路 (Flamingo Road) 北端开始，在火鸟路和哈门大道 (Harmon Avenue) 具有入口斜坡道。向东接近康纳大道处、高速公路高架的部分将下降到麦卡伦机场南北跑道的水平。康纳大道的交通则无法合并或进出高速公路。

一到天堂路、交通可合并或拆分到 1号航站楼或 3 号航站楼。

北行高架的部分将在康纳大道以南的斯温森街开始、车辆可上康纳大道或往西再联接合并该道。北行高速公路将曲线沿着 Thomas&Mack 中心附近的斯温森街、然后在

Thomas&Mack 的泊车场以北转入天堂路。哈门大道和火鸟路具有高速公路出口坡道、而高架的部分将在火鸟路以北下降到街道平面。

高架高速公路之外，拉斯维加斯在三、四年以前已计划建构一轻轨系统。 在 2015 年十二月、旅游和运输的领导人发表了总结为 2400 页的审查报告方案，而地方政府、县政府和州政府则计划开始着手实现所谓的"增长和转型蓝图"。

轻轨铁路、拉斯维加斯大道上新的步行桥、市区电车系统和连接城市主要商展中心的系统皆包含在此项雄伟的交通建设计划之中。所需的费用将超过 120 亿美元、工程建构则需数十年才能完成。

20 世纪的方案

国家交通运输局代表 Tom Skancke、以及维加斯大学布鲁金斯西山研究所主任 Robert Lang 批评高架高速公路的概念为"用 20 世纪的方案来解决 21 世纪的问题。"他们都主张致力建设从机场到拉斯维加斯市区地带的轻轨系统资源，并认为轻轨系统将能够更有效率地运输更多不需开车的人。

　　拉斯维加斯该如何联接机场、市中心以及拉斯维加斯大道？现在用高架高速公路；以后用轻轨铁路 ？赌城关联--果然宏伟。

(原载: http://www.aacs.website/wp-content/uploads/2015/07/AACSNLcn5.10.16.pdf)

16. 赌城大道之外

赌城大道是快速游览的好地点,但并非拉斯维加斯可以提供的唯一景点。邻近的鬼村、山脉如红石峡谷、查尔斯顿山(Mount Charleston)、春山山区(Spring Mountains)以及火谷(Valley of Fire)、密德湖(Lake Mead)、胡佛水坝、可满足不同的游览群。 此外,拉斯维加斯是Grand Canyon、Zion, Bryce Canyon和死亡谷国家公园 (Death Valley) 的转运站,具有绝佳的地理环境。

内华达州也有其悠久的历史和美丽的地理来吸引游客。拉斯维加斯、Mesquite、Laughlin 以外的内华达州北部城市,例如 Tonopah、雷诺 Reno、Sparks、处女城 Virgin City、Carson 山谷和惊人美丽的 Tahoe,都是采矿历史悠久的景点, 具有丰富的活动和节日。 Lake Tahoe 堪称内华达州最宝贵的景点,是全国最大的高山湖,22x12 英里波光粼粼的水包围了 72 英里的原始海岸线。 在温暖夏季的几个月里, 它是一种水上运动的天堂; 在冬季, 则是阿尔卑斯乐园。

游览总站

拉斯维加斯具有各种不同自然和人为的奇迹, 可以是游览总站, 。许多人根本不知拉斯维加斯是什么样的城市。 他们不知拉斯维加斯的沙漠有多高, 不知拉斯维加斯多的是山区。他们知道赌城大道, 却不知红石峡谷 (Red Rock Canyon)。

从南方的沙漠绿洲拉斯维加斯、到北中部地区艾蒿澡覆盖的山谷以及大片西北的冒险山区、内华达州有无限经验等待着您去发现、探索和征服。 公路旅行将带您到非常偏僻的景点，而落定热闹的拉斯维加斯5星级的豪华设施和财富也随手可及。

赌城世界；无限无界。

(原载: http://www.aacs.website/wp-content/uploads/2015/07/AACSNLcn6.7.16.pdf)

17. 亚裔选民

亚裔美国人是美国增长最快的族裔,并将在美国选举下一任总统时占加州选民的 10%。 民主党和共和党都没有作出足够的努力来延揽亚裔,选票, 必须调整战略、重视相关竞选活动。

一项探讨亚洲选民所关注的问题和行为的新研究采访了 1800 多名洛杉矶亚裔选民。 该项研究建议,亚裔美国人显示民主党倾向,而其年龄和出生地则是亚裔美国人意见分歧的决定因素。

年龄在 18 至 29 的亚裔美国人有别于年长的亚裔人。这代年轻人大多数出生在美国,他们的英语水平很高, 其主要的新闻来源是互联网英语的媒体。年长的亚洲选民多数出生在外国, 其主要的新闻来源是外国语言媒体。政党若寻求支持将必须延揽亚洲候选人。 美国亚裔选民支持同一种族的候选人,即使他们并非同一政党--值得注意。

政党须延揽亚裔选民

　　政党延揽亚裔选民时须注意其不同的年龄和社群。年长的亚裔美国人采用传统的广播和印刷媒体, 而年轻的亚裔选民则依赖于互联网或社会媒体。许多新近的年轻移民可成为选民、培养出政党归属感。

(原载: http://www.aacs.website/wp-content/uploads/2015/07/AACSNLcn7.6.16.pdf)

18. 亚裔美国人的收入
雄冠任何其他种族

一项新的报告显示，男子和妇女的工资在近年来已呈现前所未有的相近状况。但白种男子和妇女并不一定是最高薪的族群。当今亚裔美国人的收入已雄冠任何其他种族。

Pew 研究中心发现，，亚洲男性的平均每小时收入高于白种男子--分别为24美元和21美元。亚洲妇女也比白种妇女挣得多（每小时18元对 17 美元），而黑人和西班牙裔的收入无论性别，平均每小时则在12美元 和 15美元之间。

其他族群工资增长的速度远比亚裔美国人缓慢。在同一期间，非裔美国妇女的收入增长9 分，而拉丁美裔妇女的收入则只增长 5 分。同时，黑人和西班牙裔男子的工资仍然相对低迷。 在过去的 35 年中，黑种男子的收入仍然只占白种男子工资的 73%。 拉丁美裔男子的收入增长极不显着，只占白种男子工资的69% 至71%。

然而亚裔美国人之赚取高薪并不表示社会可以忽视种族歧视的存在。

模范少数族群真相

面对亚裔美国人工资增加的情况，许多人误用了「模范少数族群」的模式来看待亚洲人，认为他们可轻易攀爬社会经济的阶梯，一步登天。研究表明，即使有大约相同数量的白人和亚裔专业人士、白种男子和妇女可能成为高层管理人员的机会与亚裔同行相较高达154%。

(原载: http://www.aacs.website/wp-content/uploads/2015/07/AACSNLcn8.20.16.pdf)

19.拉斯维加斯延揽中国游客

拉斯维加斯新近发展的两个以亚洲为主题的赌场目标在延揽中国和华侨游客、利用新兴的中国财富和美籍亚裔人口的增长来创造企业优势。从中国内地直达拉斯维加斯的航班也计划在近期开航、将会是前所未有的新航线、为维加斯美丽市景增添风味。

新酒店赌场的计划强调亚洲主题。其他度假村如米高梅大酒店、永利和威尼斯多年来已提供类似的服务。客人将享受熟悉的亚洲食品和百家乐、讲中文的服务员工也随侍在侧。 幸运龙酒店赌场(Lucky Dragon) 预计在年 2016 内开设。其 3 公顷的设置有 200 间客房、以及 27,000 平方英尺的赌场。 幸运龙的高层管理人员表示, 新赌场将会把重点放在国内的中国赌客, 游客组成为生活在美国的亚裔人、包括拉斯维加斯当地以及从加利福尼亚州、太平洋西北部和东海岸的中国人, 服务水平将符合市场需求。

建设延迟多年的名胜世界(Resorts World)位在拉斯维加斯大道的北端、蓬勃发展的中国旅游企业将有助于该赌场预计于 2019 年 3 月的开设。 "原先预计于 2016 年开设的 Resorts World 赌场酒店耗费 40 亿美元，于 2013 年开工，将具备 3,100 房间、100,000平方英尺的赌场空间、以及餐厅和商店，占地 88 英亩。 计划的会议中心、熊猫动物园和 4,000 平方英尺的影院仍在初步建设阶段。

名胜世界(Resorts World) 乃由最新进入美国市场的马来西亚云顶集团 Genting Group 建设，该公司在世界各地拥有许多度假村和赌场。其总法律顾问兼政府事务副总裁杰拉尔德加德纳(Gerald Gardner)表示, Resorts World 期望通过现有的品牌来建立拉斯维加斯业务。主要目标将是国内亚裔游客，而未来也将吸引更大数量的中国游客。

　　大型度假村的休闲设施目的是为吸引"高级富豪"的中国游客。"我们运用现有市场未顾及一般中产阶层游客的情况来延揽客人，"幸运龙的首席运营官 Dave Jacoby 说明。该赌场的开发商是一家称为"拉斯维加斯经济影响区域中心"的私人持股实体。赌场资助人乃为通过 EB-5 签证方案移民美国的中国投资者（该方案的特殊绿卡方案给予投资至少 500,000 美元的外国投资人居住于美的特权）。

(原载: http://www.aacs.website/wp-content/uploads/2015/07/AACSNLcn9.25.16.pdf)

20. 直航中国

估计 3,500 万中国游客希望在 2017 年造访美国，而业界也预测在未来的 10 年将有 2 亿中国游客前往美国。 数以万计的中国游客将会考虑拉斯维加斯为其目的地 -- 仅仅是因为其世界娱乐城、零售、游览的声誉，也源于它坐落在几个国家公园，并涉及到西部牛仔文化而吸引游客的因素。

拉斯维加斯预计将开始在 2016 年 12 月利用海南航空公司新的直达航班从北京直飞维加斯马卡伦国际机场（海南航空公司为中国排行第四的商业航空运营商）。维加斯预计将延揽中国游客、在美国的城市中排行第六，在年底前将有 88,684 抵达维加斯的班次。 有了海南商业航空运营商，这一数额预计将在 2018 年跳转至 173,821、2020 年增至 293,758、2025 则增至 1,100 万。

美国只有洛杉矶、旧金山、纽约、华盛顿、波士顿等地会有比拉斯维加斯更多的中国游客。其余的热门城市包括佛罗里达州奥兰多、丹佛、芝加哥和夏威夷。这情形将对拉斯维加斯经济造成重大的影响。中国游客在2008年每趟游览平均花费 2,594美元。 2011年扩增到 6,096美元， 去年则达到 13,490美元。

然而中国和美国之间的直飞航班是有限的，因为这两个国家的政府没有通过谈判达成一项开放航运的协议。 根据现有中国和美国的双边协定、中国每周从归类为1 区的城市如北京、上海和广州飞往美国的的航班限制为 180 班次。中国其他的城市没有限制， 但航空运营商的利图却有更高的风险。

航班限制对拉斯维加斯， 海南或其它的运营商并不预示美景。 另一运营商在北京和拉斯维加斯开放直飞班机的可能性不大,其他仅有可行的方案将为由上海或广州直飞到麦卡伦的班次。

　　中国市场扩大的同时，航空工业也正在发生变化。飞机制造商依照市场的变化而作调整，并正在建立规模更大、速度更快、效率更高的飞机。波音公司的 787 梦幻客机和 Airbus 空中客车工业的 Airbus350 喷气机可以高效飞越。更舒适的骑乘产品也提供床位、可以飞航长途、无需停留。

(原载: http://www.aacs.website/wp-content/uploads/2015/07/AACSNLcn10.20.16.pdf)

21. 生活在怀疑的阴影

当美国针对回教徒采用国家登记表来审察国家的回教徒移民的同时，日本集 中拘留营幸存者深切感受黑暗的阴影。 他们知道生活在美国国家审察和怀疑的阴影是什么样子。

在第二次世界大战期间美国政府因担心"间谍"和"破坏，"强行将超过 11 万人的日本亚裔美国人驱逐出家园。当今，在爱荷华州有将近 50％ 的川普支持者认为日本集 中拘留营是一个好主意。 许多人认为登记审察回教徒和阿拉伯美国人对我们国家有利，日本集 中拘留营幸存者感觉历史可能正在重演。

美国日本社区积极活动的领导人长期以来对美国对待回教徒移民的方式表示关注，特别是自 9/11 恐怖袭击以来对回教徒的不平待遇。有些人认为针对回教徒的恐惧和愤怒与日本人的家人和祖先在第二次世界大战期间遭受不平待遇的方式极为类似。

72 岁的比尔·瓦纳比（Bill Watanabe）说："如果他们要对每一个回教徒进行窥探，

那就没有意义了。"出生在日本集中拘留营的比尔·瓦塔纳贝与朋友和以往同事在他创立的东京服务中心聚会时表示："一个国家是无法真确探知谁忠诚和不忠诚的"。

回教徒公共事务委员会主席萨拉姆·马拉亚蒂(Salam Al-Marayati)认为,如果不是日本美国人在 911 事件后支持阿拉伯人和回教徒,他们生活在美国可能被监禁。

"这只是...使用恐怖主义的恐惧和歇斯底里来抑制整个人口,"马拉亚蒂说。"这些人等于是说他们想把我们的国家带回到二次大战集中拘留营的时代"。他继续:"我们都以为我们已经从那个时代演进过来,并抛弃不平的政策"。

经过各方团体多年的倡导工作,例如Masaoka的日本公民权利和补救会社,雷根总统在 1988 年签署了立法,而美国对日本拘留营幸存者也提供赔偿并正式道歉。"我们承认错了,"雷根说。"在这里,我们重申我们作为一个国家根据法律实现平等正义的承诺"。

历史已证实恐惧、分裂和仇恨的战术证明无法带来任何建设性的进展,只会造成更多的冲突和偏见。 像日本监禁一样，美国针对回教徒采用国家登记表来审察实施注册并不能实现美国的宪法价值观及其作为一个国家的原则。

许多川普支持者认为
日本集中拘留营是一个好主意

　　一名川普支持者告诉福克斯新闻的 Megyn Kelly，为回教徒移民创建一个国家注册名单将通过宪法，引用日本集中拘留营作为先例。 卡尔・希比（Carl Higbie）乃为 "国外和国内的敌人：一个海军的故事" 的作者，建议强迫回教徒向联邦政府登记注册。 许多日籍后裔强烈反应，并称其将日本人之美国监禁视为先例 "可恶"。

（原载: http://www.aacs.website/wp-content/uploads/2015/07/AACSNLcn11.21.16.pdf）

22. 两岸关系:不稳定
且至关重要的 2017 年度

为回应美国下任总统川普于 2016 年 12
月致电台湾总统蔡英文的举动, 中国派出了一
架飞机穿过接近台湾的水域, 持续压迫台湾,
坚决其雄霸一方的立场。 蔡总统表示, 中国对
自治的台湾岛所造成的威胁日益增长, 并预测
2017 年将为不稳定且至关重要的年度。

"北京领导已逐步迈向以往以分化、压力
甚至威胁和恫吓台湾的途径," 蔡说。 "我们
希望这不是北京的官方政策, 并提醒中国其不
智之举实伤害台湾人民情感且影响台湾海峡局
势的稳定。"

中国始终诉诸军事和经济威胁, 以恐吓台
湾。 今年迄今为止, 台湾已丧失非洲外交联盟
(Sao Tome 和 Principe 圣多美和普林西比),
来自中国内地的旅游也下降了 30%。

自 1940 年代中国内战以来,大陆声称拥有
对台湾的主权, 并压制任何在台湾或海外的自
治合法化活动。

蔡英文面临极为棘手的任务, 必须表示对
北京的不满,同时也须发送台湾将保持克制的信
息。 理查德·布什(Richard C Bush、华盛顿

布鲁金斯研究所东亚政策研究中心主任）认为蔡了解台湾必须 "保持与中国和美国的关系、以及国内政治的一种平衡"。

蔡总统于 2017 年 1 月 7 日星期六出发前往四个中美盟友国家，行程将过境美国，势必将会引起中国大陆的不善反应。她承诺要提高台湾自治岛屿在国际舞台上的地位。中国的恐吓、蔡总统的外交活动、以及川普的作風，皆将造成极具挑战和无法预测的国际关系。

避免对抗、绝不屈服

对于北京最近的侵略性行动、蔡誓要避免对抗。"我们不会屈服于压力，也当然不会恢复到旧路径以武力来对抗，"她说。

(原载: http://www.aacs.website/wp-content/uploads/2015/07/AACSNLcn1.7.17.pdf)

23. 重新审视全球文化能力

当今相互联系的世界需要我们的国家培养俱备全球文化能力的公民、职工和领导人 －－尊重各国文化、习惯、语言、了解世界的经济、环境及社会系统的运作。 密切审视全球文化能力的概念可能有助于说明民族主义或保护主义可能对我国有害无益。在解决问题或增进国家文化和经济地位的同时， 与世界其他国家共同合作将会是更为明智的做法。顾及全球、扩展眼界将是每个人都需要努力寻求或着手学习的。全球文化能力的培养始于对世界的认知、好奇心、和兴趣。在研究世界时， 我们须识别、收集和分析可靠来自于各地多种语言的信息， 进而连接到本地和全球性的重要问题和事项,衡量集成的证据来创建一项连贯的反应， 并从多个角度达成合理的结论。

具备全球文化能力意味着认识到我们每一个人都具有特定的观点， 和其他人可能有异。我们 应该试图阐明和解释其他人的观点， 并找出影响这些观念的因素， 包括不同的环境或获得知识的管道、以及技术和资源都可能影响人们的思想意识。 通过比较和对比方能达到较为圆融和明智的世界观。

我们必须理解，人各有不同的文化、地域、宗教信仰、思想状况、财务状况和其它因素的差异，对应相同信息时可能会看到不同的含义。通过不同的媒体，包括在线社交网络和技术，我们必须客观地解释信息。

从了解世界到采取创新行动意图改善世界，我们得以单独或与他人合作来设想和权衡证据，评估个人行动对世界所造成的潜在影响，同时考虑到各种不同的观点可能造成的后果。

再者，我们也也需要理解当时的世界问题和趋势，通过跨学科的镜头来理解各方相互联系的问题，探讨范围广泛的主题以及其间微妙的细微差别。请了解社会文化相对之间的权力平衡有很大的短期和长期后果。 让我们一起活到老学到老。

认真思考，再试一次

请做做功课仔细考虑以下议题：

我们国家创始者和领导人的教义为何？

我们国家的创国原则为何？

移民是有利或不利于我们的社会？

我们应当禁止某些国家的人民入境美国吗？

美加石油管道(Keystone Pipeline）对于我国的经济和环境有益或有害？

具备全球文化能力意味着询问重要问题，以及进行彻底的审查和研究来回答这些问题。

70

请 牢记并始终考虑到：他人可能形成一种完全不同的观点。 只有通过知情的对话， 以开放的心态对待问题, 我们才能成为具备全球文化能力的公民。

回答问题之前， 多做功课 -- 认真思考，再试一次。

(原载 http://www.aacs.website/wp-content/uploads/2015/07/AACSNLcn2.20.17.pdf)

24. 亚洲周

大都会区从不缺乏艺术，而艺术节也似乎到临来照亮一个只有艺术和书能带领您到不同地方的时代。2017 年亚洲周在纽约于 3 月 9 日至 3 月 18 日举行。 三藩市也于 2016 年亚洲周 9 月 30 日至10 月 8 日把古代和现代的亚洲艺术引进，为日常的艺术生活添增不少情趣。伦敦则将于 2017 年11 月 2 日至11 月 11 日举办亚洲周。香港亦会从 2017 年5 月 25 日至 6 月 10 日展开亚洲艺术的盛宴。

来自世界各地的游客与当地居民皆欢庆视觉的美宴节目、 电影、 画廊、 博物馆、 拍卖会、 讲座、 专题讨论会、艺术导引、馆长会谈和艺术博览会。对比之下，亚洲周在许多地区是前所未见的，非常稀疏。北卡罗莱纳大学于 2017 年 2 月 20 日至 2 月 25 日创下了亚洲周，为学术组织促进文化多样性和认可创建好榜样。其他院校、 机构、 城市、州省和国家可以按照此示例， 在致力吸引亚洲学生或国外客户来强化当地经济的同时、也诚挚认知环球文化。毕竟，我们整个星球上的人口有三分之二是亚洲人。

纽约 2017年亚洲周已增至 51 经销商，在此非凡艺术节历史记录中进一步为私人策划的展览开启大门。纽约描绘了一个美丽的城市，在那里所有世界公民皆受到欢迎、感到自在，甚或有身处故乡的认同感。美国其他地区呢？人们感觉怎么样？

美国自 18 世纪以来便由国会通过黑人和西班牙裔美国人历史月、并庆祝亚洲太平洋裔传统月。然而，同样的问题至今仍然存在：一个国家如何对待其公民，或明智观看世界？ 少数民族或移民在美国是如何受到看待的呢？他们当真是国家同胞吗？ 除了承认他人存在的姿态之外，美国真正接受少数民族或移民、丝毫不存怀疑或侵略态度吗？ 想一想、一周过得好不好、美不美，决定将在于我们自己。

　　纽约 2017 年亚洲周已增至 51 经销商，在此非凡艺术节历史记录中进一步为私人策划的展览开启大门。此艺术节实为吸引收藏家、博物馆馆长、设计师和各方学者的一块大磁铁，于曼哈顿呈献令人心怡的艺术之美和人类成就、足以让人细细品味。在观赏来自亚洲各地的绘画、雕塑、青铜器、陶瓷、珠宝、玉石、纺织品、版画、照片之时，您将感到远东宝藏的绝妙和壮观。

(原载: http://www.aacs.website/wp-content/uploads/2015/07/AACSNLcn3.19.17-1.pdf)

25.亚洲首例：台湾禁吃猫狗肉

从某些欧洲国家的鲸鱼、海豚、蛆、肠、小牛头或羊头、以及血灌肠，到中美洲的鬣蜥和亚洲的'大蜘蛛、蝎子、鸡脚、狗、猫和鼠，人类食用奇怪的东西早是见惯不怪。但由于 猫狗为人类致爱的宠物，吃食猫狗似乎最为不人道的或不可理解，而东亚国家拿猫狗进补的传统便成了公共蔑视的落后习俗。

最近几年里东亚国家食用狗肉的行为激起了全世界保护动物人士的抗议，特别是中国恶名昭彰的狗肉节更是引人注目。 该节是广西玉林每年在 6 月举行一次的"盛会"，十天期间便要杀害了 10,000 条狗。 数以百万计的人已经签署了请愿书，力请结束此食用狗肉的活动。台湾已通过法令来取缔猫狗肉的消费，开创了亚洲首例。 据台湾中央通讯社(CNA)的报道、台湾的立法会通过了一项具有里程碑意义的修正案。 其动物保护的法律在 4 月12 日星期二成立。任何购买或吃食猫狗肉者罚可款高达8,200 美元。 事实上台湾在 1998 年便已禁止屠宰猫狗和出售猫狗肉，然而地下商业市场仍然处于活动状态。 台湾已针对违法者增加了一倍的狱期，任何对待动物的残忍行为可导致 两年的狱期，罚款金额也高达 65,500 美元，任何故意伤害动物而导致其四肢伤残、器官衰竭或死亡的举动将受到该有的惩罚。 该修正案还禁止使用汽车或机车来"遛猫狗"（牵引拉动猫狗）。

"台湾先进的禁令是在亚洲结束野蛮的狗肉贸易的一种日益增长的趋势，"国际人道协会温蒂希金斯说明。

"以前，《动物保护法》只涵盖 '屠宰和销售猫狗肉的行为，但这项修正案明确禁止实际消费猫狗肉的举动。是值得庆贺的，"亚洲动物基金会创始人和首席执行官 Jill Robinson 表示期许。

　　几个世纪以来的旧东亚传统仍在中国、韩国、印度尼西亚和菲律宾仍然是合法的。 国际人道协会估计每年在亚洲有 3000 万条狗被屠杀。但是，根深蒂固的传统并不需是进步或创新的绊脚石。 大多数中国人实际上是不吃狗肉的。根据 2015 的 亚洲动物研究，中国的大城市如北京和上海人在过去的两年内曾消费狗肉的不到四分之一。 韩国显示了类似的趋势，特别是在年轻人当中，吃狗肉的人并不多。 现台湾禁吃猫肉肉、中国和韩国将极为可能进而仿效。

(原载: http://www.aacs.website/wp-content/uploads/2015/07/AACSNLcn4.14.17.pdf)

26. 语言和思想的解构

伊塔洛·卡维诺(Italo Calvino, 1923-1985)是解构语言和思想最著名的作家之一，与之一起排名的文学大家包括 Jorge Luis Borges、Vladimir Nabokov 以及 Gabriel Garcia Marquez。卡维诺的《如果在冬夜一个旅人》故事中有故事，由两个并列的叙述框架来铺陈神秘的语言游戏，并以后现代小说的手法绘制出对于文学议题的审查。

打破文学理论和创作的划分线、卡维诺在这 1979 年出版的小说中融合了出现在他早期著作探讨的各种思想， 包括 *The Cloven Viscount*、 *The Baron in the Trees*、 *The Non-existent Knight*、 以及 *The Castle of Crossed Destinies*。他所研究的议题与阅读和写作有关：作为读者或作者，我们可以确保自己运用的语言足以真确传递主意或思想吗？我们在阅读或写作经验上会受到什么因素或设置而限制？

《如果在冬夜一个旅人》书中的两个主角在追踪一启国际出版通讯业的诈骗阴谋案件之时， 结识了一名有趣的翻译、 一个坚持不懈的小说家，并需与一个面临解体破产的出版企业和几个压制人民的政府交涉。名叫"读者"的主角在阅读卡维诺的书之时，发现一本不知名的波兰小说被误套在这本书中。此外，他所持有的这本书只不过是一本情节零碎不齐的波兰语小说。在他打算读完整本卡维诺的书的同时，只能获得零碎片段、令人困惑的其他书的情节。徒然地寻求每个片断故事的下文，他渴望阅读具有某些连续性的小说。

书中同时出现的另一主角是一名叫做 Ludmilla 的女性读者， 具有和"读者"相同的兴趣，也在追逐零散片断的书。为求找到连续性

的书 "读者"和"另一女性读者" 在一起结识了小说家 Silas Flannery 和翻译 Ermes Marana。这些人物各自也有自己对于阅读和写作的看法和意见。因此所有人物融合起来，巩固了书中虚构小说和文学理论的共存，小说已不仅仅是小说、而理论也不再只是理论。

卡维诺曾说，文学的价值在于评论世界和人们看世界的方式（*The Uses of Literature* 《文学之用途》）。在这本理论和文学一体的小说中，卡维诺质疑通过语言来表达和陈述本质上的不足、以及人们认知上所具有的限制。

《如果在冬夜一个旅人》书中所指明的是真实世界的不存在，其中存在的世界只用来显示缺乏真实的界面。超现实的构造说明丢失的绝对真理或现实。然而，值得庆贺的是在解构语言和思想的同时，我们仍可意识到一种虚实、一种不断提醒世人要以批评的态度看待任何现实的陈述。

笔者在研究后现代小说时学会了以评鉴的角度来阅读文本。当今的新闻报道、解析、以及媒体的陈诉或写照，更需要读者的质疑和考察。在我追求提升亚洲智识和全球能力之时、定要切记勤加搜索、研究、旅行、和考证我们所生活的这个世界。我所要识别的是非常宝贵和重要的世界文化状况。卡维诺的小说提供我无限的重新思考、重新审查、修订和再学习的思考空间。"我读、我写，故我在。"

(源自我的第一篇硕士论文：《解构<u>如果在冬夜一个旅人</u>中的故事铺叙与理论演绎》
/De-Constructing (H)ermes: Theorizing and Storytelling in <u>If on a Winter's Night a Traveler</u>)

27. 全球旅行的蕴意

宝贵的共享时段

摘自 Alicia Su Lozeron 的《不亡之我》

旅行, 不仅成为了她的嗜好, 她最喜爱的学习世界的方式, 也是她逃离世俗挑战的凭借, 更是她和夫婿共享生命、同赏大世界的宝贵时段。旅行提供 Avery 宽广的空间和管道来仔细思量生活上的难题，明白自己该用什么方式待人待事，让她得以提升想法，摒弃鄙陋的生活形态，并且追求需要保留和加强的处世模式。旅行之时，她有最幸福的感觉。

奇妙的是，Avery 旅行时花钱助长当地经济，在到过的每个国家都受到欢迎、被视为一个五星级的贵宾。此外，她也常被误认为是当地人，这是因为她每到一个地方，总要到处观察、走遍各街道、尝遍各小吃，并与人交游沟通。她不仅学习了当地的风俗习惯，也结交了许多志同道合的盟友。

对比之下值得悲哀的是，Avery 身处定居的美国、在称作自己家的城市里时常受到不平待遇! 也许 Avery 关注全球利益并放眼天下福祉的心态较能与持有类似看法的世界公民配合。她并不是典型的拉斯维加斯人、纽约人、美国人、台湾人、或任何特定国籍的人。她适合从社会框架之外观察其内部议题;她是一个所谓的世界公民;她最喜欢与她的夫婿 Abbey 一起遨游天下。

天底下没有任何一件事比旅行更能让 Avery 感到兴奋。只要一听到 Abbey 说："这周末开车出城去玩玩吧！"或者："咱们得计划暑假的旅游行程了!"她便眼睛闪亮、笑容满面。Abbey 和 Avery 在无数的周末、春假、寒假和暑假裏造访世界许多地方。他们的生活充满了冒险和学习经验。Avery 不可能找到更好的生命伴侣;她非常感激夫婿带给她的丰富生活。

作为世界公民的 Abbey 和 Avery 前往巴哈马、伯利兹、墨西哥、哥斯达黎加、厄瓜多尔、秘鲁和巴西;参观欧洲英格兰、爱尔兰、苏格兰、比利时、匈牙利、西班牙、希腊和意大利。他们也去了许多东南亚国家:泰国、寮国、越南、柬埔寨、马来西亚、印度尼西亚等。兜了一圈后，才又到日本、韩国和中国。Avery 欣喜地感到他们的旅行是有方向性的，学习各国风俗的目的在于寻找一个理想的精神领域和物质环境。有 Abbey 同行，Avery 不再觉得年轻时漫游世界的惘然。成熟了，Avery 充满属于妇人的安定气质和智慧。 但她和 Abbey 通过生命之旅会找到理想的园地吗?他们将会合并两个不同的背景而建立健康快乐的生活吗?

Abbey 和 Avery 将通过考验来克服生活中的苦难吗?他们将成功调合男人和女人、父亲和母亲、西方和东方内在的差异吗? 他们是独自处在各自的世界中, 还是幸运地共享融合在一起的生活? 他们学到了什么? 他们带给了世界什么? 旅行全球时, 他们撒下了什么, 又带走了什么? 他们面临的是更好的、更高贵的生活领域? 或者, 他们捕捉的只不过是另一个有残缺的世界, 用来装载各种伤人或成功的经历? Avery 有信心, 她只能依着心翱翔, 无畏地面对未来的一切。

世界公民之旅
摘自 Alicia Su Lozeron 的《不亡之我》

如同幼时社区里的临家居民预测, Avery 远离了家乡。

在落脚纽约市就读哥伦比亚大学之前，她走遍了世界的角落。毕业后，她担任许多不同的职位，最后安心成为一个教师。她向前夫要求离婚是为了追求该有的美好生活，不受尖刻的批评和嘲讽。她结交了不同的男友，尝尽爱情的苦楚和无奈之后才找到她的第二任丈夫 Abbey。她逃离了幼时父亲大发雷霆的情感旋风，以及母亲永远的不满和责备。她拒绝遭受继子继女、她的学生，或其他任何人不平的待遇，绝对不作二等公民。她决心教育大人或小孩来学习如何对待自己。她要求公平的关注和诚实的交流，她要过美好的生活。 她受了经验教训，取得了进展，并将始终寻求自我的增长、以温暖和爱来看世界。

· · · · · · · · · · · ·

"穿木屐踩高鞋的少女来了。 快拿出像机。橙色、紫色或红色的头发…和年轻的美男子。日本年轻人的奇装异服实在有趣。" Avery 喜欢观察各种细节，必须一一拍摄令人难以置信的场景。她是个典型的摄影观光客，四处拍照，宣称她自己是一个摄影记者。而她的相片便是她的旅行日记。

Avery 的热情有感染性。在繁忙的街角站立一会之后，Abbey 甚至自愿担任摄影师来接替记者的工作。显然地，他对城市居民在交叉路口的矫捷表现非常佩服，令人印象深刻的时尚服饰和新潮打扮也非常惹眼，值得一照。

Abbey 和 Avery 的旅程终点站是日本东京。这个城市周围古老的圣地和摄人心魄的山峰实在令人赞叹。他们登上了东京 110 公里以西的富士山，跟着朝圣者到山顶观看日出，并浏览积雪覆盖的锥形山巅。Avery 对着 Abbey 朗诵一首相关的俳句诗：

风自富士山
我把它放在风扇上。
在此，纪念江户。
-- Basho Matsuo
（17 世纪）

登山寻求高径

天空反映紫罗兰...

恰如山顶的珠宝。

-- Basho Matsuo

（17 世纪）

Abbey 试图模仿俳句的诗情画意，但还是声称自己的灵魂乃属于摇滚，所以最好还是弹吉他来写歌，并唱他熟悉的歌曲。不论是俳句或摇滚，Abbey 和 Avery 在富士山顶捕获的振奋人心的时刻各有差异，但却有着相同的重新认识这神奇世界的效果。他们无法想象任何其他更美的方法来了解迷人的日本。

28. 举世欢庆母亲节

人们通常会在特殊的节日想起该感谢的人，母亲节该是最好的例子。在这个一年一度的节日期间，很多人为致谢生母或如同母亲的恩人特别行动。 有趣的是，不同的国家在不同的日子庆祝母亲节，庆贺的方式也各有差异。

很多国家如**澳大利亚、加拿大、中国、日本、台湾、美国**皆在 5 月的第二个星期天庆祝母亲节。母亲节乃源于传统埃及、希腊或罗马对女神之崇拜，之后母亲节成为普遍的节日是因为安娜·贾维斯 从 1908 到 1914 提出请愿，要求对她自己的母亲和在美国内战期间失去儿子的母亲们表达敬意。

英国的母亲节在复活节星期日三周前举行。有些人仍烘烤传统的杏仁水果蛋糕，以便母亲们得以在复活节禁食之际获得小憩。

哥斯达黎加于 8 月 15 日庆祝母亲节、为圣母登天的的同一日，**法国**于 5 月的最后一个星期天庆祝母亲节，**格鲁吉亚**、3月3日，**萨摩亚**、5 月的第二个星期一，**北韩**、11月16日，

89

而**泰国**则于8月12日庆祝母亲节。 这种日期和庆祝活动的差异反映出每个国家各有的特殊的女神、女性模范或偶像。

墨西哥的母亲节是 5 月 10 日、伴着母亲们的歌曲极为美妙动听。**阿根廷**的母亲们于 10 月的第三个星期日会陪着孩子、念书给孩子听来庆贺他们身为母亲的荣耀。 **日本**的孩子绘画他们的母亲、以艺术竞赛来庆贺母亲节。 **萨摩亚人**于母亲节组织歌曲和舞蹈表演。 全世界庆祝母亲之际、喜气洋洋。

母亲节的象征

　　整个**亚洲**和**美洲**以康乃馨或玫瑰花作为母亲节的象征。 其他典型的母亲节礼物包括卡片、蛋糕、巧克力、礼品。 人们聚集、庆祝、花钱在母亲身上 -- 基本上母亲节是商业化的：鲜花店、珠宝首饰店、礼品店、餐馆、剧院、航空公司、酒店和商场皆广告促销特价的产品来进行商业竞争。

　　尽管母亲节如何商业化，人们愿意花费购买广告噱头促销的特价产品。为了取乐母亲，人们愿意俗气一下。为了取乐母亲，人们愿意花费额外的时间来挑选母亲节礼物。尽管母亲如何遥远，亲切的招呼和行动即可照亮母亲的一天。致电、邀请、准备、陪伴、与 "妈妈"分享。我们应当以最热切的爱来庆祝母亲节。

（原载: http://www.aacs.website/wp-content/uploads/2015/07/AACSNLcn5.12.17.pdf）

29. 庆祝父亲

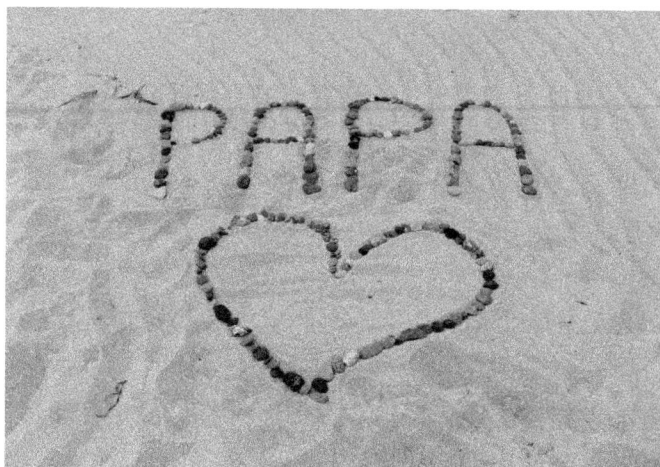

　　自中世纪时代、欧洲天主教的传统通常于 3 月 19 日(约瑟圣日) 庆祝父親节。庆祝活动由西班牙和葡萄牙流传到**拉丁美洲**。 相比之下,**美国**于 20 世纪初, 为追随母亲节的庆祝并表扬父亲育儿之道,直到 1972 年才建立起父亲节的庆祝传统。

　　Jarvis 于 1908 年在西弗吉尼亚州格拉夫顿提倡母亲节之后,同年 7 月 5 日人们才在西弗吉尼亚州的 Fairmont 首度庆祝 "父亲节"。Clayton 的父亲在 1907 年 12 月于 Monongah

矿地灾害丧生（死亡 361 人、其中有 250 人为人之父），她为纪念父亲而大力推行父亲节的庆祝。

华盛顿州斯波坎的 Sonora Smart Dodd 也主张对父亲的庆祝。经多方提倡，人们才渐渐相信，父亲们应该有相当于母亲节的属于自己的一天。美国在 1972 年正式建立父亲节。

根据每个民族特定的代表性人物或历史, 世界各国在不同时日庆祝父亲节。今列举如下。

北美、英国和许多遵循美国规范的国家在 6 月第三个周日庆祝父亲节。

澳大利亚和**纽西兰**在 9 月的第一星期日庆祝父亲节，这也是澳大利亚入春之际。

巴西于 8 月第二个周日 庆祝父亲节（葡萄牙语 Dia dos Pais ）。Bhering 提倡圣人 Joachim（玛丽亚和众人推崇之父亲）而订立此日为父亲节。

中国人民共和国根据国际准则，于 6 月的第三个星期日庆祝父亲节，而**中华民国台湾**则保持中国传统的 "Ba-Ba Jie /父亲节" 8 月 8 日，八八、ba－ba、发音和口语形式的 "爸爸"（ba－ba、爸爸）相同。

德国人品尝个自版本的父亲节。 在复活节的第 40 天，也就是耶稣升天节、德国男子组织登山活动或者聚集于其他集会场所，并且备有充足的食物和酒品。

在**泰国**，人们于 12 月 5 日庆祝父亲节，以便纪念国王普密蓬·阿杜德的生日。 泰国传统的庆祝活动包括赠予父亲 canna 鲜花（ดอกพุทธรักษา，Ruksa）。当今，人们穿着黄色的衣服来标识对国王普密蓬·阿杜德的尊重，因为黄色是星期一的颜色，也是已故国王的诞生日。

在**俄罗斯**，父亲节的庆祝活动是从军事纪念活动演化而来， 2 月 23 日是属于所有男人的保卫祖国日。当日的庆祝活动包括俄罗斯军队游行，而男子也会收到致谢之礼。

在**丹麦**，父亲节是 6 月 5 日（该国的《宪法日》），**爱沙尼亚、瑞典、挪威**和**芬兰**的父亲节是 11 月的第二个周日 1,**海地**、6 月最后一周的星期日,**印度尼西亚**、11 月 12 日，**以色列**、5 月 1 日（工人节或劳动节）。 **韩国**在 5 月 8 日父母节同时庆祝母亲和父亲。**尼泊尔**的父亲节是 *Gokarna Aunsi* 纪念日，取决于农历、可能在 8 月 或 9 月。 **拉脱维亚**父亲节（Tēvu diena）是 9 月第二个周日,**立陶宛**、6 月的第一个星期日,**波兰**、6 月 23 日,**萨摩亚**、8 月的第二个星期日,**阿拉伯联合国**、6 月 21 日,**乌克兰**则为 9 月的第三个星期日。

尽管全世界在不同的日期庆祝父亲节、父亲是国家以及家庭社区安定的关键。作为社会重要的支柱和基础,父亲之恩惠理当受到推崇和表扬。

(原载: http://www.aacs.website/wp-content/uploads/2015/07/AACSNL6.14.17.pdf)

30. 世界各地的婚礼习俗

我们在美国依随第一支舞和丢花球的传统婚礼习俗，世界各地也各自流传不同能带来好运吉兆的习俗。 婚姻礼节，无论是令人微笑、困惑不解，或莫名其妙，人们为求良缘倒也不敢不遵守。 但连接世界差异的是一种永远不变的主题：爱。

以下列举一些有趣迷人的婚礼习俗。

亚美尼亚的咸面包

亚美尼亚人相信吃了咸味面包便能一睹将来的配偶。单身男女依随习俗，希望在品尝由已婚中年妇女或祖母所做的咸味面包之后能见到未来的结婚对象。

中国：命运八字和醒狮表演

中国男女请算命先生依照生日时辰和八字来寻找结婚吉日。自古以来，中国新娘身穿传统的旗袍、明亮的红色丝绸衣服带有精心设计的复杂金丝刺绣。 在结婚当日的上午，新郎和伴郎便出身前往新娘的家。伴娘们使出各式各样的难题，新郎则须过关斩将，方能赢得佳姻（通常用金钱贿赂）。较为隆重的婚礼、常有醒狮表演，以鼓声、锣声和铙钹节拍来吓走恶灵。

刚果：不展笑颜

刚果的新娘和新郎在整个婚礼、从结婚仪式到宾客宴会都须审慎严谨、不展笑颜。他们对待婚姻的认真程度可说是绝非玩笑。

古巴：钱装

每个与古巴新娘共舞的人必须在她的礼装上针饰金钱,以帮助这对新婚夫妇。

捷克：一切都是为了宝宝

结婚典礼前，捷克人会将一宝宝留在新人床上，以祝福和提高他们的生育率。 随后，宾客将大米、豌豆、小扁豆洒在新人身上，以便象征性地鼓励生育。

斐济：以鲸赢妻

在斐济，男子为取得一女子父亲之允许而许配该女，必须献给未来的岳父鲸鱼的牙齿。

德国：天幕

德国新郎新娘必须一起努力，在朋友和家庭成员面前巨断一块木头。团队合作是克服婚姻挑战的关键。

意大利：星期日最好

意大利民间传说，在星期五或星期二绝对不能结婚（或出发去度蜜月），否则将招惹坏运气，而星期六则是预留给寡妇嫁第二任丈夫的。 星期天结婚最好。 新郎会在口袋里带着铁块来驱邪。婚礼后，新人打破花瓶、碎碎片片代表他们喜结良缘、永生永世。

肯亚：父亲的责任

在肯亚，马萨伊新娘的父亲在新娘随她的新丈夫离去时吐痰。原因是太过支持新人反而会害了他们，所以绝不那命运开玩笑。

毛里求斯：为夫婿养得胖乎乎

在毛里求斯,年轻的女子在婚前会把自己养得胖呼呼。越胖越好，表示夫婿有财富。

墨西哥的阿拉斯金币

在墨西哥的婚礼上，新郎为新娘献上 13 只金币，称为阿拉斯， 这象征着耶稣基督和他的使徒。新人交换婚约誓言后，祭司会将拉索或绳索（大型念珠、绳索或花带），在夫妇两人的脖子上绕一圈 8 字， 表示永恒的连结。

摩洛哥的七天欢庆

摩洛哥传统的婚礼最长可持续 7 天。 前三天用来做准备工作、应酬和美化新娘。 第四天时新人正式结婚。 第五和第六天人们持续庆祝。最后在第七天，男男女女欢庆一堂，把新娘放在软垫并高举在朋友和家人的前面，男子们同时将新郎举在肩上。最后新人被带到一间特别的房间以便完婚。

菲律宾：鸽子象征和谐

在菲律宾、新婚夫妻释放一对白色的鸽子,代表他们和谐的共同生活。

威尔斯：爱情发芽

威尔斯的新娘将 Myrtle 花束献给伴娘们。 如果一伴娘种植花苗而出现萌芽现象,她将是下一个新娘。

请看看您的四周：有趣的婚礼传统蕴含着美丽的文化背景。遵循传统习俗有助于不同背景的新人凝聚双方的差异。当爱和幸福成为最终的结果时,所有的筹备及安排工作都是值得的。

永恒的婚礼主题：爱

31. 世界如何欢迎新宝宝

世界各国欢迎新宝宝的方式各有差异。许多宗教习俗在宝宝出生之前、之时和之后扮演着重要的角色。 从本质上说，所有的宗教仪式的目的在于帮助母亲恢复健康并且保护新生的婴儿。

以下列举有趣的习俗：

光头净化

佛教和尚在宝宝出生一年一日之后举行剃头净化之礼。

回教徒在宝宝出生七天之后举行 Agigah 净化之礼（例行的婴儿剪发之举）。剪下的头发称重后变卖成金银再捐赠给穷人，这样一来，这婴儿便可以成为阿拉真主的仆人而贡献世界。

马来妇女将宝宝的头皮浸洗，希望孩子能有美好的未来。

热气保护

泰国妇女产后通常必须经验 jufaj、在火边休息 11 天，以求子宫恢复正常并去除恶灵邪气。

柬埔寨妇女在卧床旁边点上小火，持续 3 到 7 天。

马来西亚妇女产后必须经验 44 天的监禁，称为 patang。 在这段时间内、他们坐在火旁，使用传统称为 bengkung 的技术、以热石和精油来擦抹全身并且束腹来回复正常。

土著妇女将婴儿放置在燃烧树木的烟坑上烟烤数秒钟，婴儿吸入浓烟后，可以变得更健康、更强壮。

根据叶门的文化传统，烟气也可用于抵御邪恶的灵魂。 在亚洲和非洲部分地区，产后妇女蹲跨在排放烟气的火坑上， 以求治愈和洁净自己。

哭叫、跳弹、抛丢

某些国家为求妇女和婴儿福祉可说是奇招百出，具有相当奇怪的文化仪式。

日本有知名的相扑宝宝哭叫竞赛。 Nakizumo 婴儿哭闹节已有 400 年的历史。面对面进行哭叫径赛时，第一个叫出哭声来的孩子会成为冠军宝宝，因为哭闹的婴儿最健康、最强壮。

天主教的盛宴 Corpus Christi 同时庆祝一年一度的 El Colacho 宝宝节。， 在西班牙 Castrillo de Murcia 的村庄中，所有出生于过去 12 个月的婴儿会被放置在床垫中并列排于街道上。装扮成魔鬼的人会跳弹过这些婴儿来标识对他们的祝福，并乞求其幸福成长、一生平安。

印度的 Sri Santeswar 寺有抛丢婴儿的传统。新生婴儿被抛丢到 50 英尺以下、以板子来衔接。底下的旁观者载歌载舞欢庆、祝福孩子们一生健康繁荣和幸运。这传统已有数百年、每一年约抛丢 200 名婴儿。

崇敬脐带和脱落母体的胎盘

某些文化对于脐带和脱落母体的胎盘怀着崇敬的心，不像大多数西方国家不加思索便将之丢弃。

在婆罗洲的文莱和牙买加，人们将脱落母体的胎盘保存在白色的盒板中、由一名男性亲属小心地埋在花草或树旁。

宝宝的脐带装在称作 kotobuki bako 的小木盒献给母亲，以作为宝宝出生的纪念品、珍藏一生。

土耳其人认为脐带可影响儿童的未来。 如果将之埋在清真寺、马廐、学校附近或水中，孩子就会分别变得虔诚、爱动物、有学术性或者一生如浮水、流动不定。

许多土著文化如 Navajo 印第安人和纽西兰毛利人的母亲在宝宝出生后会把胎盘埋在土中，象征婴儿和地球土地的连接。

产假和产妇护理

荷兰的 kraamhulp 系统中产妇在家护理七天。健康福利保险单位会派遣一名护士来为产妇进行家庭护理。护士不仅提供医疗照顾，也会清理、烹调以及教授基本教养子女的技巧。 护士还作庆祝新生的传统小吃 -- beschuit muisjes，从字面上翻译为"鼠饼"， 其实是一种甘草作的饼，蓝白色的饼代表男孩、粉红和白色的饼代表女孩。

德国产妇工作保障即为完好，持有全职工作的德国妇女如果决定在产后返回工作是绝对没有问题的。如果一名女子告诉雇主她怀孕的消息，便绝对不会受到解雇。妇女在预产期 6 个星期前会停止工作，分娩之后 8 周内禁止工作， 而且能够领取全薪。 母亲甚至可有长达三年的无薪假期， 第三年是浮动的一年， 可以在任何时段内由孩子的父亲或母亲来请假。

日本妇女通常在医院生产，孩子的爸爸如果已陪同妻子上产前培训课才可在医院陪产。母亲可在医院待 5 至 10 天。

产后的日本和中国妇女以及她们的孩子往往在妇女之父母家中住一个多月 -- 这是一种文化传统，妇女与宝宝待在床上（中文叫坐月子）。在这段时间内、朋友可能会来祝贺，并且共享代表吉祥的红蛋。

土耳其母亲和宝宝出生后在家待 20 天。来祝贺的朋友共享一种称为 *lohusa serbeti* 的特殊饮料。在这段时期之后，母亲和宝宝回访赠送礼物的朋友，朋友则再赠送他们一条包着一个蛋的手帕(乞求婴儿健康) 以及一颗糖(乞求宝宝善良)。 他们还会在宝宝的眉毛眼角和发梢擦抹面粉，以求孩子长命。

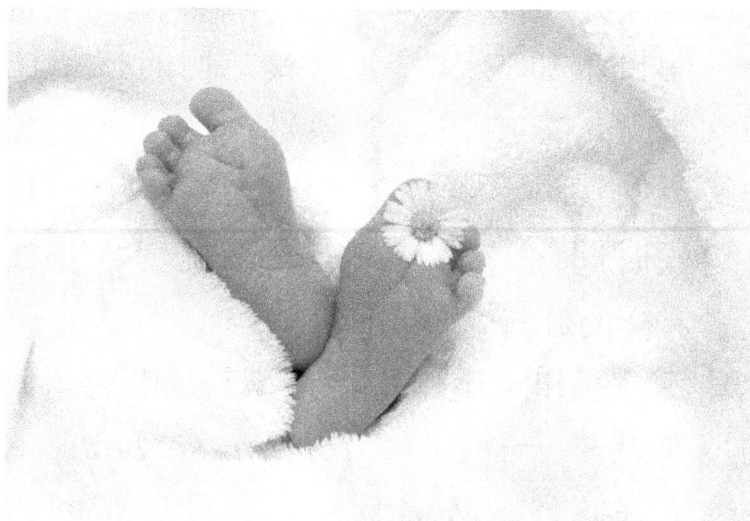

　　世界各地的人们以各式各样的礼来庆贺新母亲和宝宝。庆祝的方式超越习以常见的蛋糕和鲜花，而乞求母亲和宝宝健康、安全和幸福，则是天下共同的心愿。

32. 世界如何对待老年人

老龄化是一种普遍的人类经验，随着全球各地预期寿命的延长，这个议题是很值得研究的。根据全球老龄研究组织（Global AgeWatch Index）针对 96 个国家年龄超过 65 的老人的福利审察，美国排名全球第 9（请参阅 http://www.helpage.org/global-agewatch/population-ageing-data/global-rankings-table/）。瑞士位居第一位，其次是挪威、瑞典、德国和加拿大。排行在列表底部的国家是莫桑比克、马拉维和阿富汗。此种排名并不一定反映该国的文化或集体心态，但反映了影响老年公民福利的各种因素，如经济、政治和法律。 多种指标，包括健康、收入、安全、就业机会、教育机会、以及人身安全、公共服务和社会的连接， 也影响老年人的幸福。

以下是视察老年人在世界各地生活如何的结果。

美国：机会繁多

与先进国家相较之下，美国在公众健康和收入的平等方面表现欠佳，但仍有相当不错的老人福利。很多善心人士志愿协助老人在老人中心或社区的生活,各种节日如长者日(8 月 21 日)和美国老人月（五月）并针对长老给社会的宝贵智慧表示敬意。

有些人可能会说美国是养老的最佳地点之一,因为美国老年人教育和就业机会是世界上最好的。另一方面，美国薄弱的社会安全网可能迫使老年人保持自给自足。在老年人收入保障方面,美国排名全球第 36，在老年人健康方面，美国排名全球第 24。

孝道:中国、印度、法国和乌克兰的法律

中国的"老年人权利法"规定子女"绝不忽视或不尊重老年人，并必须作出安排，不论远近、'经常' 造访老年父母。" 由此，公司也必须给予工人时间来造访他们的父母。中国预计于 2050 年将有 6360 万 人或近 49% 的人口超过 50 岁,该法有助于防止经济的危机。 中国老年人生活于世界排名第 52。

事实上，儒家的孝道已嵌入中国、日本和韩国人对待长老的方式。约有 3/4 的老年人与他们的成年子女住在一起。

在日本,9 月的第三个星期一是"尊重老人日"（日本老年人生活于世界排名第 8）。在节日当天，人们送礼物给祖父母并共同享用美餐。志愿者并派发免费盒饭午餐给老年人,媒体也推出特殊节目来表扬最年老的人(60 和 70 岁生日是极为重要的)。年轻人和学童提供舞蹈和娱乐节目来表现他们对长老们的高度重视。

亚洲

亚洲人普遍有尊重老人和祖先的道德。例如，印度的年轻人触摸老人的脚来作为一种爱的标志和对他们的尊重，并请求老人赐给他们祝福。深深植根于亚洲传统价值、老人的护理是一项重大的家庭责任。虽然现代的东方家庭、老旧的多代同堂习俗已不普遍，但父母和子女通常还是保持近距离的住所。就像中国、新加坡亦规定子女必须给予老年父母津贴,违反规定者可能面临 6 个月监禁的判决。

亚洲人一般善待长老，但因为各个国家的情况、亚洲老人的生活条件可能不会是最好的。韩国就排名很差、位居第 60 位。 虽然大部分韩国人相当富裕， 但比较之下、韩国老年人则不然。主要的原因是韩国直到 1988 年才有公共养恤金；很多老年人没有收入来源。

法国

法国在 2004 年通过民法第 207 条款、规定成年子女与他们年迈的父母 "保持联系"。 法国的老人福利优于其他西方国家， 在世界排名第 16。然而此民法乃在以下两启令人不安的事件发生之后才颁布的： 一是统计数据的出版揭示了法国老人的自杀事件在欧洲高居首位；一是热浪突袭， 死亡的 15,000 人中大多数是老人， 其中许多老人死了几个星期后才被发现， 不堪之况令人咋舌。

苏格兰

苏格兰人尊重其长者， 喜好听取老人的智慧并支持他们生活在家庭环境的设置。 根据一项称为 "革新老人护理" 的新计划， 老人护理的范式已从着重于治疗疾病转变为对于生活质量的重视。年老的亲人由家人来照顾、并且是社会的资产。 （英国老人福利整体的排名为世界第10。）

地中海地区和拉丁美洲文化

地中海和拉丁美洲文化尊重长者并优先考虑家庭事宜。多代同堂的习俗还是很普遍。 "老男人" 在希腊是一种亲昵的称呼。

老年人的护理照料根据不同的文化观点各有差异。显然地，俱备多重选项和创新都是必要的。有幸的是，日新月异的科技有助于方便传输和实时通讯。老人看顾者、老人生活社区工作人员、以及家庭成员都可以帮助照顾老人。在荷兰，有些安老护理院提供免收租金的房屋给上大学的学生，从而使老人和年轻人可以从该系统获得各自的生活协助。 请了解老人护理可用的选项和资源 -- 只要有心、人们应当能够解决所有的问题。

33. 世界各地的丧葬仪式

不同文化的葬礼可能有所不同，但却共享相同的崇敬死者之旨意。自古以来，每个社会都有其悼念死者的仪式，处置尸体的方式也揭示了有趣的文化层面。 不同的仪式和墓葬显示、死亡并不意味着生命的终结，而是开启新的一页、给予下一代新的生命信念和力量。

在**西方**，亲人和朋友穿着黑色的丧服、坐在教堂的椅子上参加严竣的仪式。葬礼中人们流着泪祈祷、并共享回忆。 墓地及骨灰瓮是最后安息之地， 同时也是后代追悼死者的凭借。

在**美国**，越来越多人选择环保的埋葬方式，即所谓的绿色葬礼。有关当局已核准 40 个环保式的坟场。 例如，使用柳木棺材能够分解到地底，不像其他长久性材质的棺材。另一种环保式葬礼为"礁球"-- 压缩人体为圆球型、并将之联系在海洋裏的珊瑚礁上。

新奥尔良爵士葬礼为路易斯安那州新奥尔良的一种典型景像。喧闹的爵士游行结合了西非、法国、和非裔美国人的传统而展现净化人心的音乐和舞蹈。

在许多亚洲国家，如中国、台湾、印度尼西亚、和日本，丧葬是一种热闹冗长的典礼，持续几天到几个星期不等。奢华的葬礼还献祭各种牲畜来举办无休止的盛宴、并且雇用为死者哀悼的专业"哭嚎人手"。葬礼游行也会绕走整个城镇，以示郑重。

韩国的"埋珠"因该国有限的空间、须强制执行火葬而生成。火灰压缩成珠宝的颗粒，安放在家中作为纪念。

菲律宾西北部的本格特人蒙上死者眼睛，并将之安放在居家主入口处；邻近的 Tinguian 人为死者穿上最好的衣服，并将之安放在坐椅上，仿若活人。马尼拉附近 Caviteño 人将死者埋葬在掏空的树干中，而北部的 Apayo 人，则将死人放置在他们的厨房裏。

蒙古和西藏的天葬仪式显示其深信灵魂能在死亡后超生的传统。灵魂要返回，必须借由身体碎成碎片放在山顶、任由天然因素或秃鹰来处置。

马达加斯加有一种称为"famadihana"/"转骨"的仪式。每 5 年到 7 年，家人会将包扎在布裹的尸体掘出，并喷洒美酒或香水。家庭成员拥着死去的家属、跟随现场乐队的演奏而载歌载舞。

在**加纳**，人们喜欢"幻想棺材"。棺木的形状模仿死者生前梦想或爱好的事物，如昂贵的轿车、飞机、鱼等等。

北美海达人对于死去的酋长或巫师有一种特别的宗教仪式。他们的尸体会被击打、压碎成果肉并放在行李箱中，这些行李箱则安置在家门前的图腾柱子裹。

　　有史以来，人类使用仪典、葬礼、或宗教仪式来纪念死者。重要的是提供死者神圣的安息地，如一口棺材、骨灰塔、教堂、山顶、海洋、或任何其他人脑能够设计出来的设备，如埋珠或可降解的容器。　只要生死两界协和，尘埃便可落定。

116

34. 世界如何教养子女

　　子女的教养奠定人一生的教育和发展基础。良好的家庭环境和习惯往往是成功的根源。 然而，人们养育子女的方式各有不同，而孩子对于自身的生命路程也有极为重要的决定因素。

　　在世界许多地方，父母把重点放在培养孩子独立、并去除过度依赖和需求他人注意的习惯。举例来说，**越南**的母亲在孩子 9 个月时便停止使用尿裤；**中国**的孩子们必须承担家庭责任、在学校必须致力学习、以便报答父母养育之恩；

日本的孩子很小就独自外出，自己搭地铁或者在繁忙的街道行走。 **阿根廷**和**西班牙**的父母让他们的孩子在夜间活动、很晚才上床睡觉；**丹麦**的父母把他们的孩子留在婴儿车上、以便自己到商店购物或吃饭。 在**犹太**传统中，孩子很小就学习游泳，以便发展自力更生、机智和应变能力。 **肯亚**的 Kisii 或 Gussii 人的母亲随侍随地携带着宝宝，但他们并不任由宝宝哭闹。孩子一吵，他们绝不理睬，并且避免视线接触。

应用上述养育子女的方式在北美孩子的身上 -- 儿童保护服务局便将日夜处于忙碌状态，应接不暇。**美国**和**加拿大**的父母往往过度保护小孩、并且着重于发挥孩子的才华、以求其成功幸福。在竞争日益激烈的世界索求"成功"、往往是为了名和利 -- 通过子女的天赋、体育才能或学术上的精进来取得名声或财富。相比之下，**亚洲国家**的父母高度集中在学术发展和进大学就读的机会，而北美人则倾向于追求孩子的名气。

　　荷兰的父母很少用"聪明"这个字眼来描述他们的孩子。 他们拒绝给小孩太大的压力，而定期的休憩时段、食物和舒适的环境才是优先事项。

　　挪威的孩子很小便进入制度化的学园。大多数的小孩在 1 岁时便就读国家赞助的托儿所，然后入学参与组织性的活动。 在托儿所、婴儿车裹的小孩被放置在户外来呼吸新鲜空气是习以常见的事。

　　在**斯堪的纳维亚半岛**、家长与子女之间的民主关系似乎是司空见惯的。 **瑞典**的儿童有"权利" 和他们的父母共眠、以得抚慰。 相比之下，**亚洲**的孩子年龄很大时还与家庭成员共眠主要是为培养顺从的习性并促进亲情， 不是为民主。 在**部分亚洲地区**和**玻利尼西亚群岛**、子女与父母共眠则是一种必要的经济上或发展过程的安排。 儿童照顾儿童，而不仅仅是当保姆、是即为必要的。孩子一会走就得开始工作。

　　多元化的育儿方式显示、孩子应当可以自己聪明选择长大的模式。养育孩子的目的在于实现子女自给自足和自力更生的能力， 长大的人终会离开父母来活出自己的生命。 教子女、帮助子女、塑造子女、激励子女，但绝不要宠坏子女。 相信孩子将会长大成人，而如果人们能认清养育之道、世界将可以培养出有智识、有全球文化的成熟公民。

附录

《不亡之我》讨论

一位读者曾反应，阅读《不亡之我》是提升全球文化的一种练习。 我很欣赏这位读者的观察，并确认《不亡之我》和《亚洲智识与全球文化能力》所收集的文章有类似的目的：审查关于文化多样性和文化能力的议题。因此，我在本书后附上有关《不亡之我》的讨论题，希望能再次探索重要的主题并引发更多的讨论和回响。

《不亡之我》讨论例题

1. 你认为作者 "虚构的回忆录" 多属虚构小说或真实自传? 这本书在何种层面上已跨越了文学种类的分界线?

2. 故事开始时，主角似乎处于情绪激动的状态，从叙述她在纽约的经验到现今的生活，然后又反复到过往的场景。这样的开场方式有何目的?

请审查主角/ "故事讲述人" 的心态, "意识流" 的手法是否成功地引带出她的故事?

3. 哈利是什么类型的人物? 当故事讲述人提及她必须教导别人如何对待自己时, 是否意指哈利这个角色, 以及她的继子、继女、学生等等? 还有什么其他的人可能包含在该列表中?

4. 你认为 Avery 这个人物的发展完全吗? 她在这个故事中做了些什么样的改变? 学到了什么样的教训、增长了什么样的智慧? 她的孤立是自己有意造成的吗? 她与夫婿契合吗? 他们所有的是真爱?还是另一种令人困惑的情结?

5. Tim Rosenberg 是什么类型的人物? Abbey 呢? 他们有何相似或不同处? 为什么这两个男人成为 Avery 生命中最重要的具有影响力的人?

6. 您认为自己可以真正同情 Avery 的移民生活和经验吗? 根据自己的文化环境和成长过程, 您可以想象 Avery 为了在美国社会找到生存缝隙的处境和际遇吗?

7. 您同情来自外国的居民或移民吗? 他们是否都应该回到自己的国家去, 避免在美国的竞争生活? Avery 的移民经验是否教了您一些什么?

8. 您最喜爱这本书中的哪一部分? 为什么?

9．此书列举了许多世界国家之间的异同。比较并对比。列出您的想法。

10．此书的序言和结语绘制了相同的追求梦想和生命实现的主题。虽然序言和结语采用的是同样的文本，但所涉及的含义已有所变化。请说明。

感谢您的阅读！

亲爱的读者，

希望您喜欢《亚洲智识与全球文化能力》所收集的文章和故事。 在将亚洲议题投射到世界舞台背景的同时，我希望提高文化多样性和全球文化能力的意识。这本书是我实现任务的起始点。 从亚洲到美国，再放眼全球各国，我奠定了探索人类议题的出发原点。

我会不断地学习，计划持续观看人世，描写亚洲和世界的各个层面。这复杂又美丽的世界提供我们的是无穷无尽的探讨空间，因此我们必须尽力在有生之年充实学习、永不怠懈。

最后，请您提供回馈。您的意见是最宝贵难得的。作为读者，您有权发表意见，并加入改造世界，使世界更美好的文化阵容。 以下是您可提供反馈的网站：

http://amazon.com/author/aliciasulozeron
http://www.aacs.website/en/membership/featured
https://www.facebook.com/people/Alicia-Lozeron/100013834032346
https://www.facebook.com/aliciasulozeron
http://www.aliciasulozeron.com/
https://plus.google.com/108984032785909720247

请表达您的意见。再次感谢您。 期待即时阅读您的评论。

Alicia Su Lozeron

苏明采敬上

Asia-literacy and Global Competence
亚洲智识与全球文化能力
作者：Alicia Su Lozeron 苏明采

作者简介

**亚洲智识与全球文化能力导师｜亚美合作协会
创办人｜作家｜持照英文老师｜持照中文老师**

思考在全球，生活要崇高

Alicia Su Lozeron 苏明采早年便出版有多篇新闻/杂志文章和短篇故事。她持有国立清华大学文学硕士学位以及纽约市哥伦比亚大学英文和比较文学硕士学位，现任内华达州持照英文教师（并持有中文教师执照）。 通过其写作生涯以及在美国创办的通讯管理/咨询公司、亚美合作协会，她的任务和使命在于提高人们对全球文化能力的意识，并且连接东西文化，反映亚洲重要的经济和文化贡献。《亚洲智识与全球文化能力》所收集的文章和故事记载许多文化互动的议题和经历，显示她一生事业的基础和其他作品的根源。她的第一部小说/虚构式自传《不亡之我》描绘了世界旅行家兼移民美国亚裔妇女 Avery Mingli Liang 的一生。这虚构又真实的世界充满了现代和全球性的共鸣；书中探讨许多主题：疏离、孤立、自我怀疑、自我发现、复杂的爱情和婚姻、生命实现和生活幸福、人类平等、文化多样性、种族歧视、种族融合等等。其细微但激情的详细人生写照借由书中诸多人物和场景而呈现，所引发的崇高人道思想、极为公正、发人省思。

Alicia Su Lozeron 苏明采
亚美合作协会
思考在全球，生活要崇高
电话 702-577-0700
电子邮件 aliciasulozeron@gmail.com;
info@aacs.website

以下是读者或客户自苏老师作品中所得的益处:

• 帮助我克服种种困难或恐惧，并以正面的沟通方式来建立人际关系;

• 帮助我理解不同背景的人，并扩展有关世界的知识;

• 帮助我了解不同种族或混合式的家庭关系;

• 帮助我在面对生命重要议题时，品尝复杂的情感和情绪;

• 帮助我获得阅读的乐趣;

• 帮助我认识做人处事的观点 -- 希望、勇气 和对他人的尊重;

• 帮助我提高全球文化能力;

• 帮助我培养一种良好的全面性全球展望观;

• 鼓励我提倡开放/公正的社会;

• 敦促我发展多元化的观点来观察大世局;

• 帮助我加强表达真爱的能力;

• 帮助我减少冲突，学习以信任的态度来解决世人分歧…。

"Think Global Live Noble 思考在全球，生活要崇高！"-- 让我们一起构建美好的世界!

详情请见以下网站：

https://www.linkedin.com/in/alicia-su-lozeron

http://www.aliciasulozeron.com

http://amazon.com/author/aliciasulozeron

http://www.aacs.website/en/services/authors-and-books

https://www.facebook.com/aliciasulozeron

https://www.facebook.com/people/Alicia-Su-Lozeron/100013834032346

https://plus.google.com/108984032785909720247

http://www.aacs.website

https://www.facebook.com/aacs.website

https://plus.google.com/115668373923821256231/posts?hl=en

https://twitter.com/AliciaSuLozeron